KB014608

10대를 위한

DATA SCIENCE

데이터과학

파이썬으로 열어보는 데이터 보물 창고

with 파이썬

2024년 7월 1일 1판 1쇄 발행

저　　자　구덕회·권다혜·박소연(저자 홈페이지 : http://ai9.kr/ds)
발 행 자　정지숙
마 케 팅　김용환

발 행 처　(주)잇플ITPLE
주　　소　서울 동대문구 답십리로 264 성신빌딩 2층
전　　화　0502.600.4925
팩　　스　0502.600.4924
홈페이지　www.itpleinfo.com
이 메 일　itpleinfo@naver.com
카　　페　http://cafe.naver.com/arduinofun

Copyright ⓒ 2024 구덕회·권다혜·박소연 Printed in Korea
저작권법에 의해 저작물의 무단 전재 및 무단 복제를 금합니다. 파본은 구입한 서점에서 교환해 드립니다.

ISBN　979-11-91198-44-7　　93000

우리는 데이터 홍수 속에서 수많은 데이터와 마주하며 살고 있습니다. 이에 데이터에 질문을 던지고 그 안에서 인사이트를 발견하는 힘은 무엇보다 중요해지고 있습니다. 이 책을 통해 인공지능 시대에서 살아나갈 청소년들이 데이터에서 가치를 찾고 의사결정을 하며 데이터 리터러시를 함양할 것이라 기대합니다. 이 책에서는 실제 데이터 분석과 인공지능 모델링에 많이 사용되는 프로그래밍 언어, 파이썬을 활용합니다. 흥미로운 주제와 친절한 설명을 따라가다 보면 어느새 익숙하지 않았던 데이터 과학과 파이썬에 친숙해졌음을 느낄 수 있을 것입니다.

이 책의 구성은 다음과 같습니다.

한 걸음은 파이썬과 친해지는 단계입니다. 데이터 과학을 할 때 필요한 파이썬의 기초 문법과 라이브러리를 익힙니다. 앞으로 사용하게 될 최소한의 내용이 차근차근 설명되어 있으니 두려워하지 말고 도전해보세요.

두 걸음은 파이썬으로 데이터 과학을 접하는 단계입니다. 데이터 과학이 무엇인지 살펴보고, 데이터 과학의 과정을 알아보며 데이터 과학자가 되기 위한 씨앗을 뿌립니다. 가공된 데이터 혹은 공공데이터셋에서 직접 수집한 데이터를 다듬고, 이를 파이썬으로 분석하여 주어진 문제들을 해결합니다.

세 걸음은 판다스를 활용한 데이터 과학을 경험하는 단계입니다. 데이터 분석에서 많이 사용되는 pandas 라이브러리의 기초 기능을 살펴보고, 이를 활용해 데이터를 분석하여 주어진 문제들을 해결합니다.

네 걸음은 인공지능을 활용한 데이터 과학을 경험하는 단계입니다. 인공지능과 머신러닝에 대해 살펴보고, 인공지능 모델을 활용한 예측 프로그램을 만듭니다.

파이썬을 이용한 데이터 과학책은 많지만, 청소년의 시각에서 집필된 데이터 과학책은 흔하지 않습니다. 이 책은 청소년들이 평소 관심 가질만한 문제들을 다루기 때문에 보다 흥미롭게 데이터 과학에 접근할 수 있는 기회를 제공합니다.

이 책과 함께 즐겁게 데이터 과학을 경험해보고, 데이터 과학자의 꿈을 키울 수 있길 바랍니다.

구덕회·권다혜·박소연

이 책에서는 데이터 과학 전문가인 구구박사와 호기심 많은 친구들인 다혜, 소연이와 함께 데이터 과학을 경험해볼 거예요.

이름: 구구박사
특징: 데이터 과학을 연구하는 박사
     데이터 과학에 대해 설명하는 것을 좋아함

이름: 다혜
특징: 자세히 설명하는 것을 좋아하는 다정한 성격
     주변에서 일어나는 일을 관찰하여 탐구하는 것을 좋아함

이름: 소연
특징: 질문하는 것을 좋아하는 엉뚱하고 호기심 많은 성격
     어려운 문제도 끝까지 해결하고자 하는 끈기와 노력을 갖춤

세 인물의 설명에 귀를 기울이며 데이터 과학자가 되기 위한 첫걸음을 함께 내딛어 봐요. 생활 속의 문제를 데이터 과학 단계에 따라 차근차근 해결하다 보면 여러분은 어느새 멋진 데이터 과학자가 되어 있을 거예요!

'구구박사의 생각 더하기', 구구박사의 지식 더하기'
이 책을 읽다 보면 자주 마주치게 되는 반가운 얼굴이 있어요. 바로 구구박사예요. 여러분이 파이썬으로 문제를 해결할 수 있도록 도움을 주는 만능 박사랍니다!

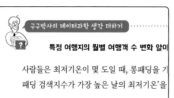

1. 스스로 해보아요.

이 책에는 생활 속 문제를 파이썬으로 쉽게 해결하기 위한 그림과 함께 자세한 설명이 있어요. 이를 눈으로만 읽기보다 직접 코드를 하나하나씩 적어보며 어떻게 문제를 해결해가는지 스스로 익혀보세요. 갈수록 눈에 띄게 발전한 여러분들의 모습을 볼 수 있어요!

2. 곰곰이 생각해요.

책의 중간중간에 여러분들의 사고력을 위한 퀴즈가 나타나요. 퀴즈에는 어떤 답을 적으면 좋을지 스스로 생각하며 문제를 해결해보세요. 또 파이썬 코드를 작성하며 자주 나타날 수 있는 오류들이 등장해요. 오류를 어떻게 해결하면 좋을지 생각하는 과정에서 컴퓨팅사고력을 더 키울 수 있답니다!

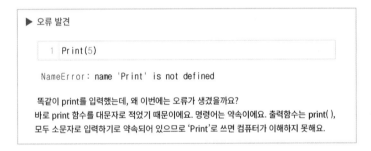

▶ 오류 발견

```
1  Print(5)
```

```
NameError: name 'Print' is not defined
```

똑같이 print를 입력했는데, 왜 이번에는 오류가 생겼을까요?
바로 print 함수를 대문자로 적었기 때문이에요. 명령어는 약속이에요. 출력함수는 print( ),
모두 소문자로 입력하기로 약속되어 있으므로 'Print'로 쓰면 컴퓨터가 이해하지 못해요.

3. 나만의 문제를 발견해요.

책 속에서 제시한 문제를 해결하다 보면 여러분도 주변에서 해결하고 싶은 문제가 보일 거예요. 문제를 해결하기 위한 과정을 직접 계획하여 프로그램을 만들어보세요. 여러분이 만든 프로그램이 다른 사람들에게 도움을 줄 수 있어요.

이 책의 참고 자료는 잇플 홈페이지에서 한 번에 다운받을 수 있어요.
검색창에 http://www.itpleinfo.com 를 입력하고, 잇플(ITPLE) 홈페이지에 접속하여 그림과 같은 화면이 보이면 커뮤니티 메뉴를 눌러요.

주소: www.itpleinfo.com

[잇플 홈페이지 메인 화면]

커뮤니티 메뉴에서 자료실을 클릭해요.

[자료실 들어가기]

자료실에는 코딩과 관련된 다양한 자료들이 있어요. 자료 중 '구구박사'를 클릭하면, '10대를 위한 데이터 과학 with 파이썬 소스코드 및 예제 파일' 게시글이 보여요.

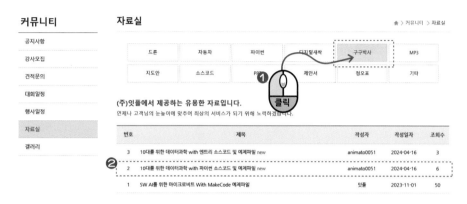

[예제 파일 자료집]

다운로드를 클릭하면, 예제 파일을 다운받을 수 있어요. 예제 파일은 zip형식으로 제공되니 압축을 풀어서 사용하면 돼요.

[예제 파일 다운로드]

저자가 직접 운영하는 홈페이지에서도 관련 파일을 다운받을 수 있어요!
http://ai9.kr/ds

목차

머리말
이 책은 어떻게 공부할까요?
참고 자료 내려받기

세 걸음,
데이터 과학 새싹반 : 판다스 _223

네 걸음,
데이터 과학 열매반 : 인공지능 _307

한 걸음
파이썬 병아리반

<READY TO CODE>

<?>

1장 파이썬 준비운동

① 파이썬과 주피터 노트북

여러분들은 외국 사람을 만날 때 어떻게 소통하나요? 만약 외국 친구가 한국어를 할 줄 안다면 한국어로 소통하면 되겠죠. 하지만 서로 사용하는 언어가 다르다면 소통할 수 없어요. 따라서 소통할 때는 서로 이해할 수 있는 언어를 사용해야 해요.

이처럼 우리가 컴퓨터와 소통할 때, 컴퓨터가 이해할 수 있는 언어를 사용해야 해요. 컴퓨터가 이해할 수 있는 언어를 프로그래밍 언어라고 해요. 프로그래밍 언어에는 C, Java, Python 등 다양한 것들이 있어요. 우리는 그 중 파이썬을 이용할 거예요. 파이썬은 다른 언어에 비해 읽기 쉽고, 문법이 간단하며 다양한 플랫폼에서 사용할 수 있다는 등 많은 장점이 있는 언어예요.

파이썬 언어를 쉽고 편하게 사용할 수 있도록 도와주는 도구에는 vscode, 파이참, 아나콘다 등이 있어요. 우리는 그중 아나콘다를 사용해볼게요. 아나콘다를 설치할 때 함께 설치되는 '주피터 노트북'을 통해 쉽게 코드를 관리하고 결과를 확인할 수 있어요.

② 아나콘다 설치하기

1) 아나콘다 사이트에 접속하여 Download 버튼을 클릭하고 인스톨러(설치 프로그램)
를 내려받아요.

아나콘다 다운로드 사이트 : https://www.anaconda.com/download

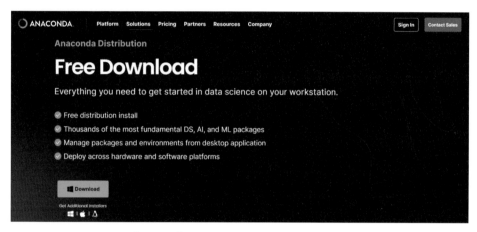

[그림 1-1] 아나콘다 다운로드 페이지 홈 화면

2) 내려받은 파일을 실행해요. ❶ Next> → ❷ I Agree → ❸ Next> → ❹ Next> →
❺ Install 버튼을 차례대로 클릭하면, 설치가 진행돼요. 설치는 몇 분 정도 걸려요.
설치가 끝난 후, ❻ Next> 버튼을 클릭해요.

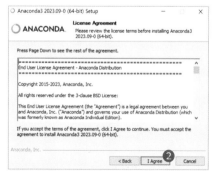

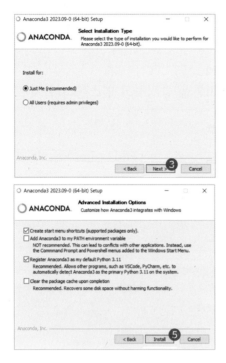

[그림 1-2] 아나콘다 설치

3) Next> 버튼을 선택하고, Finish 버튼을 클릭하여 설치를 완료해요.

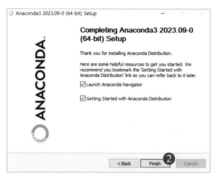

[그림 1-3] 아나콘다 설치 완료

③ 주피터 노트북 실행하기

1) 작업 표시줄의 윈도우(■) 키를 누르고, Anaconda3 폴더를 선택해요. 그 중
   Jupyter Notebook을 클릭해요.

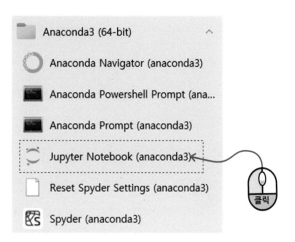

[그림 1-4] Jupyter Notebook 클릭

2) 검은 창이 뜬 후, 잠시 기다리면 자동으로 [그림 1-6]과 같은 주피터 노트북 화면의
   웹 브라우저가 켜져요. 이때, 검은 창을 끄면 주피터 노트북이 작동되지 않아요. 따
   라서 주피터 노트북을 사용할 때에는 검은 창을 항상 켜둬야 해요.

[그림 1-5] 검은 창

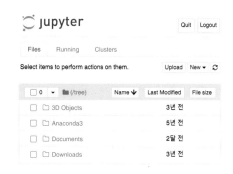

[그림 1-6] 주피터 노트북 화면

4 작업할 폴더 선택하기

주피터 노트북 화면에는 내가 사용하고 있는 폴더가 표시돼요. 폴더 중 Downloads 폴더를 선택해요. 보통 여러분들이 인터넷에서 내려받는 파일들이 모이는 곳이에요.

[그림 1-7] Downloads 폴더 선택

⑤ 새로운 주피터 노트북 만들기

오른쪽 위에 있는 New 버튼을 누른 후, Python 3 버튼을 선택해요.

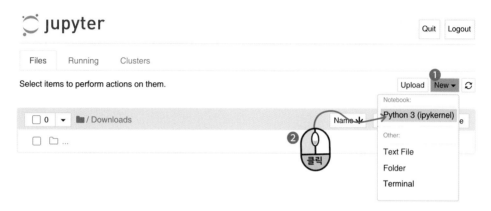

[그림 1-8] 새로운 주피터 노트북 만들기

새로운 주피터 노트북의 이름을 바꿔보아요. 'Untitled'를 클릭하고 대화상자에 원하는 이름을 적은 후, Rename을 클릭해요.

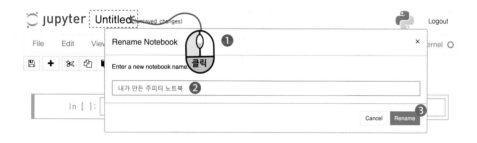

[그림 1-9] 주피터 노트북 이름 바꾸기

우리가 만든 주피터 노트북은 Downloads 폴더에 '.ipynb' 확장자의 파일로 저장돼요!

[그림 1-10] 내가 만든 주피터 노트북.ipynb

모든 준비를 마쳤으니 본격적으로 파이썬을 배우러 가볼까요?

MEMO

2_장 출력, 변수, 입력

파이썬의 기본 중의 기본!

'명령어를 쓰는 창'과 '실행 결과를 보여주는 창'이 다르다는 거예요.

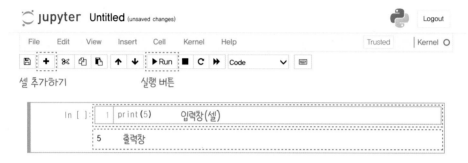

[그림 2-1] 주피터 노트북 초기 화면

주피터 노트북 초기 화면을 살펴봐요. '입력창'은 우리가 컴퓨터에게 명령을 입력하는 곳이에요. '출력창'은 입력한 명령을 출력해서 보여주는 창이죠. 그렇다면 우리는 어떤 것들을 출력할 수 있을까요?

① 출력(print)

여러분들이 알고 있는 '출력(print)'은 무엇인가요? 평소에 우리가 사용하는 '출력 (print)'은 컴퓨터 화면에 보이는 것을 종이에 인쇄하는 것을 말하죠.

파이썬에서 'print'는 내가 입력한 명령어를 실행하고, 실행 결과를 '출력 창'에서 보여 주는 것이에요.

'출력'은 어떻게 할까요? 출력하고 싶은 것을 'print( ) 함수'의 괄호 안에 적고 ▶Run 버튼을 누르면 돼요!

▶ **개념 정리 : 출력**

print(출력하고 싶은 것)

숫자 5를 출력해볼까요? 입력창에 'print(5)'를 입력하고, ▶Run 버튼을 눌러요.

```
1  print(5)
```
5

[그림 2-2] 5 출력

짜잔! 숫자 5가 출력되었어요. 출력할 때 ▶Run 버튼을 눌러도 되지만, 키보드의 Ctrl + Enter ↵ 또는 Shift ↑ + Enter ↵ 를 눌러도 돼요.

▶ **오류 발견**

```
1  Print(5)
```

NameError: name 'Print' is not defined

똑같이 print를 입력했는데, 왜 이번에는 오류가 생겼을까요?

바로 print 함수를 대문자로 적었기 때문이에요. 명령어는 약속이에요. 출력함수는 print( )와 같이 모두 소문자로 입력하기로 약속되어 있으므로 'Print'로 쓰면 컴퓨터가 이해하지 못해요.

1) 숫자 출력

여러분은 '55315 * 106'을 암산할 수 있나요? 아하... 쉽지 않네요. 여기서 기억해야 할 것! 컴퓨터는 계산의 달인이라는 것이에요.

```
1  print(55315*106)
```
5863390

[그림 2-3] 어려운 계산

명령어를 입력하고 실행해보니 5863390이라는 계산 결과가 바로 나왔어요!

우리가 계산할 때 한참 걸리는 것도 컴퓨터에게 명령하면 1초도 안 되어 결과가 나와요. 그럼 print( ) 함수를 이용해 사칙연산을 해볼까요?

직접 코드를 입력해보고 다음 빈칸을 채워보세요.

(1) 덧셈(+)

```
1  print(123456+234567)
```

?

[그림 2-4] 덧셈 계산

* 책의 맨 뒤에 있는 정답을 참고하세요.

(2) 뺄셈(-)

뺄셈은 키보드의 '-' 키를 이용해요.

```
1  print(7591-154)
```

?

[그림 2-5] 뺄셈 계산

(3) 곱셈(*)

곱셈은 어떤 기호를 써야 할까요? 파이썬에서는 '*'가 곱하기를 의미해요.

```
1  print(7591*154)
```

?

[그림 2-6] 곱셈 계산

(4) 나눗셈(/)과 나머지(%)

나눗셈은 어떤 기호를 써야 할까요? '/' 는 나누기를 의미해요.

'/'를 한 번 쓰는 것은 소수까지 표현하는 실수 나눗셈, '//'를 두 번 쓰는 것은 자연수 부분까지의 몫만 표현하는 정수 나눗셈을 의미해요.

1	print(10/4)
?	

[그림 2-7] /

1	print(10//4)
?	

[그림 2-8] //

나눗셈에는 몫과 나머지가 있어요. 나눗셈의 나머지만 구하려면 '%' 기호를 사용하면 돼요. '%' 기호를 이용하여 10을 4로 나눈 나머지를 출력해보세요.

1	print(10%4)
?	

[그림 2-9] 나머지

10 = 4*2 + 2이므로 나머지인 2가 출력돼요.

2) 문자 출력

'print( ) 함수'로 숫자만 출력할 수 있을까요? 아니에요! 문자도 출력할 수 있어요. 우리의 파이썬 프로그램이 세상과 만나는 것을 축하하는 의미로 'Hello world'를 출력해보아요.

```
1  print('Hello world')
```

Hello world

[그림 2-10] 문자열 입력

숫자를 출력할 때와 어떤 차이점이 있나요?

숫자와 달리 문자를 사용할 때, 큰따옴표(" ") 또는 작은따옴표(' ')로 글자를 감싸주어야 해요.

Quiz 1

Good morning을 출력하고 싶어요. 어떤 명령어를 입력해야 할까요?

데이터의 종류

데이터의 종류 중 문자열, 정수형, 실수형을 알아봐요.

문자열(str)	문자열을 입력할 때, 꼭! 따옴표로 문자열을 감싸줘야 해요. 따옴표를 열고 닫지 않으면, 오류가 발생하니 잘 확인해주어야 해요.
정수형(int)	소수점을 포함하지 않는 숫자를 이야기해요. 0, 1, 2, 3…뿐만 아니라 –1,-2,-3…등의 음수를 포함해요.
실수형(float)	소수점을 포함한 숫자를 이야기해요. -1, 0, 1, 2…의 정수뿐만 아니라 0.1, 0.01, 0.001 등의 소수점이 있는 숫자 모두를 포함해요.

3.17은 (정수형일까 / 실수형일까)?
맞아. 3.17은 소수점을 포함하기 때문에 실수형이겠지.

데이터의 종류를 잘 이해했는지 한 번 더 확인해보겠어. 아래 두 코드의 차이점이 뭘까?

```
1  print(5+3)
```

```
1  print('5'+'3')
```

[1번 코드]

[2번 코드]

[1번 코드] : 5와 3을 숫자로 입력했기에 5와 3의 합인 숫자 8이 출력돼요.

[2번 코드] : 5와 3을 문자열로 입력했기에 문자열이 붙어서서 문자 '53'이 출력돼요. 문자열 사이의 +는 앞 문자열과 뒤 문자열의 접착제 역할을 해요.

이렇게 따옴표로 숫자를 감싸서 입력하면, 우리에게는 숫자로 보이는 것도 컴퓨터는 문자로 이해한다는 것을 기억해!

② 변수

우리 반 친구들을 응원하는 프로그램을 만들어봐요. 어떤 문구로 응원해 볼까요? '구구박사! 넌 무엇이든 할 수 있어!'라는 문구를 한번 출력해보아요.

```
1  print('구구박사! 넌 무엇이든 할 수 있어!')
```

구구박사! 넌 무엇이든 할 수 있어!

[그림 2-11] 구구박사! 넌 무엇이든 할 수 있어!

만약 응원해야 할 친구들이 20명이 넘는다면 어떨까요? 친구들의 이름이 바뀔 때마다 문구 전체를 입력하긴 쉽지 않아요.

Quiz 2

어떻게 하면 편하게 프로그램을 만들 수 있을까요?

'! 넌 무엇이든 할 수 있어!'는 그대로 두고, 이름 부분만 바꾸어 입력하면 훨씬 간단해지겠죠? 이때 우리는 '변수'를 활용할 수 있어요.

● 변수란?

변수란 변하는 값을 저장하는 공간이에요. 변수를 바구니로 생각해 보아요. 우리는 변수라는 바구니에 문자열, 숫자 등의 데이터를 넣어 저장할 수 있어요. 변수를 활용해 우리 반 친구들을 응원하는 프로그램을 만들어봐요.

name이라는 이름을 저장하는 바구니에 '구구박사' 또는 '소연' 또는 '다혜' 등의 이름을 바꾸어 넣을 수 있어요.

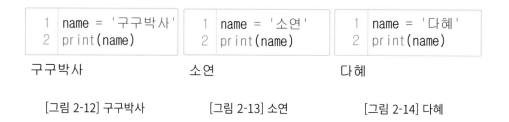

구구박사   소연   다혜

[그림 2-12] 구구박사   [그림 2-13] 소연   [그림 2-14] 다혜

위 코드에서 이름을 저장하는 바구니인 name이 바로 '변수'예요.

여기서 중요한 것은 '=' 기호예요. '='는 수학에서 의미하는 '같다'라는 뜻이 아니에요.

파이썬에서 'A=B'는 'A를 B로 정한다'예요. 따라서 [그림 2-12]는 '변수 name을 구구박사로 정해라.', [그림 2-13]은 '변수 name을 소연으로 정해라.'를 의미하죠. 이처럼 변수에는 한 가지만 저장할 수 있어요.

 구구박사의 데이터 과학 지식 더하기 ·········

변수 이름 정하기

 변수의 이름을 name으로만 해야 할까요? 아니에요!
여러분들이 원하는 것으로 정할 수 있어요.

```
1  a = '구구박사'
2  print(a)
```

구구박사

 하지만 변수의 이름을 정할 때 주의할 것이 있어요. 변수의 이름은 숫자로 시작할 수 없어요.
그리고 변수의 이름을 두 개 이상의 단어로 하고 싶을 때, 그 사이를 비워두면 안 돼요. 따라서
아래와 같이 단어 사이의 공백을 '_'로 채워줄 수 있어요.

```
1  friend_name = '구구박사'
2  print(friend_name)
```

구구박사

··

변수를 활용하여 '응원 프로그램'을 만들어 볼까요?

```
㉠1  name = '구구박사'
㉡2  print(name + '! 넌 무엇이든 할 수 있어!')
```

구구박사! 넌 무엇이든 할 수 있어!

㉠ 변수 name에 '구구박사'를 저장해요.

㉡ 문자열 사이의 +는 앞뒤 문자의 접착제입니다. 변수 name에 입력한 '구구박사'와
'! 넌 무엇이든 할 수 있어!'가 연결되었어요.

[그림 2-15] 응원 프로그램

변수를 활용하는 응원 프로그램을 만들고 여러분의 이름을 넣어 출력해 보세요.

3 입력(input)

여러분은 어떤 사이트에 로그인하기 위해 무엇을 하나요? 맞아요. 우리는 컴퓨터에 '아이디'와 '비밀번호'를 입력해요. 컴퓨터는 여러분들이 입력한 아이디와 비밀번호를 입력받아서 로그인할 수 있도록 하죠. 이렇게 사용자가 데이터를 입력할 수 있도록 하는 함수가 있어요. 바로 input( ) 함수예요.

이번에는 여러분들의 프로그램을 사용하는 사람, 즉 사용자가 원하는 이름을 넣을 수 있는 응원 프로그램을 만들어봐요.

● 입력이란?

사용자에게 input( ) 함수를 이용해 이름을 입력받아 변수 name에 저장해 보아요. [그림 2-16]의 입력창에 있는 코드를 입력하고 실행해보아요.

```
1  name = input( )
```
입력상자

[그림 2-16] input( ) 함수

'출력창'에 어떤 것이 출력되었나요? 입력할 수 있는 상자만 뜨네요. 사용자는 코드를 입력했던 '입력창'은 보지 못하고, '출력창'만 볼 수 있어요. 출력창에 입력 상자만 뜨게 되면, 사용자는 어떤 값을 입력해야 하는지 알 수 없죠.

따라서 input 함수의 괄호 안에 사용자가 입력해야 하는 값이 무엇인지 알려줘야 해요.

1) 사용자가 입력한 이름을 응원하는 프로그램

```
1  name = input('응원하고 싶은 사람 : ')
2  print(name + '! 넌 무엇이든 할 수 있어!')
```

[그림 2-17] 사용자가 입력한 이름을 응원하는 프로그램

Step 1. 입력창에 [그림 2-17]과 같이 코드를 입력해요.

Step 2. 코드를 실행하면 input( )의 괄호 안에 적은 문자가 입력 상자 옆에 떠요.

응원하고 싶은 사람 : | |

[그림 2-18] 입력창

Step 3. '응원하고 싶은 사람의 이름'을 입력하고, 키보드의 Enter(Enter↵) 키를 눌러요.

Step 4. 아래에 원하는 내용이 출력돼요!

응원하고 싶은 사람 : 구구박사
구구박사! 넌 무엇이든 할 수 있어!

[그림 2-19] 응원 프로그램 출력 화면

▶ 개념 정리 : input( ) 함수

변수 = input(입력 안내 메시지)

　input( )의 괄호 안에 사용자가 입력해야 하는 값이 무엇인지 알려주는 안내 메시지를 넣을 수 있어요. 안내 메시지에 따라 사용자가 입력 상자에 값을 입력하고, 입력한 값이 변수에 저장돼요.

2) 숫자 입력받기

'더하기 프로그램'을 만들어 보아요. 아래 코드를 입력해요.

```
1  a = input('첫 번째 숫자 : ')
2  b = input('두 번째 숫자 : ')
3  print(a+b)
```

[그림 2-20] 더하기 프로그램

첫 번째 숫자를 입력받아 a에 저장하고, 두 번째 숫자를 입력받아 b에 저장해요. 예를 들어 a에 1, b에 2를 입력하고, 키보드의 Enter(Enter↵) 키를 누르면!

첫 번째 숫자 : 1
두 번째 숫자 : 2
12

[그림 2-21] 1+2=12?

어? 이게 무슨 일이죠? 1+2는 3인데, 12라니! 왜 이렇게 출력됐을까요?

그 이유는 입력받은 값이 문자열로 저장되었기 때문이에요. 우리 눈에는 1과 2가 숫자로 보이지만, 컴퓨터는 1과 2를 문자열로 이해해요. 그러면 컴퓨터가 이를 숫자로 이해하도록 하려면 어떻게 해야 할까요?

데이터 형태 바꾸기

 데이터의 형태를 바꿔주면 돼. 아래 함수를 참고해봐.

함수	설명
int( )	괄호 안의 숫자를 컴퓨터가 '정수'로 이해할 수 있도록 해줘요.
float( )	괄호 안의 숫자를 컴퓨터가 '실수'로 이해할 수 있도록 해줘요.
str( )	괄호 안의 데이터를 컴퓨터가 '문자'로 이해할 수 있도록 해줘요.

입력받은 데이터를 컴퓨터가 '정수'로 이해할 수 있도록 int( ) 함수를 이용하면 되겠어요!

```
㉠ 1  a = int(input('첫 번째 숫자 : '))
㉡ 2  b = int(input('두 번째 숫자 : '))
   3  print(a+b)
```

㉠ 입력받은 데이터를 정수로 바꿔서 변수 a에 저장해요. 괄호가 두 개가 생기니 주의하세요.

㉡ 입력받은 데이터를 정수로 바꿔서 변수 b에 저장해요.

[그림 2-22] 정수로 변환한 숫자 계산 프로그램

어떻게 출력될까요?

첫 번째 숫자 : 1
두 번째 숫자 : 2
3

[그림 2-23] 1+2=3

아하! 이제 제대로 계산되었어요!

3) 문자, 숫자 입력받기

이번에는 '사용자의 이름과 나이를 입력받는 프로그램'을 만들어 보아요.

```
㉠1  name = input('이름이 뭐야? ')
㉡2  age = int(input('나이는?'))
㉢3  print(name,age)
```

㉠ 사용자에게 이름을 입력받아 변수 name에 저장해요.

㉡ 사용자에게 나이를 입력받아 정수로 바꾼 후, 변수 age에 저장해요.

㉢ 콤마(,)를 이용하면 데이터를 띄어쓰기로 구분하여 연결할 수 있어요.

[그림 2-24] 이름, 나이 입력 프로그램

결과는!

이름이 뭐야? 구구박사
나이는?14
구구박사 14

[그림 2-25] 출력 화면

입력받은 대로 잘 출력되었네요. 이번에는 문장을 더 매끄럽게 출력하는 프로그램을 만들어봐요.

'00님의 나이는 00살이군요!'와 같은 문장으로 출력할 수 있도록 코드를 수정해볼게요.

```
1  name = input('이름이 뭐야? ')
2  age = int(input('나이는?'))
3  print(name+'님의 나이는 '+age+'살이군요!')
```

```
이름이 뭐야? 구구박사
나이는?14
---------------------------------------------------------------
TypeError                                Traceback (most recent call last)
Input In [3], in <cell line: 3>()
     1 name = input('이름이 뭐야? ')
     2 age = int(input('나이는?'))
----> 3 print(name+'님의 나이는 '+age+'살이군요!')

TypeError: can only concatenate str (not "int") to str
```

[그림 2-26] + 기호 연결 오류

오류 발생! 왜 오류가 생겼을까요?

+ 기호를 사용할 때는 문자는 문자끼리만, 숫자는 숫자끼리만 통일해서 사용해야 해요.
[그림 2-26]에서 문자를 연결하기 위해서 +를 사용했으므로 데이터의 형태를 문자로 통일시켜야 해요. str( ) 함수를 이용하여 정수인 age를 문자로 바꿔주면 되겠어요!

```
1  name = input('이름이 뭐야? ')
2  age = int(input('나이는?'))
3  print(name+'님의 나이는 '+str(age)+'살이군요!')
```

```
이름이 뭐야? 구구박사
나이는?14
구구박사님의 나이는 14살이군요!
```

[그림 2-27] 이름, 나이 입력 프로그램

나이를 알려주는 문구 사이에 띄어쓰기가 필요하므로 '님의 나이는'이 아니라 키보드의
SPACE 키를 이용하여 '님의 나이는∨'으로 입력해 줘요.

배운 내용을 활용하여 다양한 퀴즈를 풀어볼까요? 직접 코드를 작성하고, 정답 페이지를 확인해보세요.

Quiz 4

[그림 2-28]과 같은 출력 결과가 나오도록 직사각형의 가로, 세로의 길이를 사용자에게 입력받아 넓이를 구하는 프로그램을 만드세요.

```
가로를 입력해주세요 : 4
세로를 입력해주세요 : 5
20
```

[그림 2-28] 직사각형 넓이 출력 결과

Quiz 5

[그림 2-29]와 같은 출력 결과가 나오도록 국어, 수학, 영어 점수를 사용자에게 입력받아 평균을 구하는 프로그램을 만드세요.

```
국어 점수를 입력해주세요 : 80
수학 점수를 입력해주세요 : 95
영어 점수를 입력해주세요 : 91
88.66666666666667
```

[그림 2-29] 평균 구하기 출력 결과

Quiz 6

[그림 2-30]과 같은 출력 결과가 나오도록 이름과 출생 연도를 사용자에게 입력받아 '○○의
나이는 □살입니다.'라는 문장을 출력하는 프로그램을 만드세요.

Hint! 나이 : 현재 연도 – 출생 연도

이름 : 병아리
출생 연도 : 2010
병아리의 나이는 14살입니다.

[그림 2-30] 나이 출력 결과

MEMO

 3장 리스트

여러분들은 일상생활에서 순서가 있는 데이터를 본 적이 있나요?

놀이공원에 갔던 경험을 떠올려 봐요. 인기가 많은 놀이기구를 타기 위해 대기 줄에 서곤 하죠. 바로 이러한 대기 줄이 순서가 있는 데이터에요.

파이썬에도 이처럼 순서가 있는 데이터를 저장하는 구조가 있어요. 함께 알아볼까요?

● 리스트란?

'리스트'란 데이터를 순서대로 저장하는 구조에요. 여러분들의 '반'을 생각해 보아요. 반 친구들을 구분하기 위해 학생들에게 1번, 2번, 3번, …과 같은 번호를 붙여줘요. 이처럼 '리스트'의 데이터에도 0번, 1번, 2번, 3번, …과 같은 '순서(index)'가 있어요.

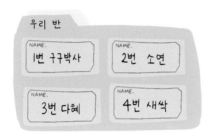 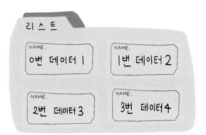

'리스트' 안의 데이터들을 쉼표(,)로 구분하고, 대괄호[ ]로 감싸서 표현해요.

```
1  우리반 = ['구구', '소연', '다혜', '새싹']
2  print(우리반)
```

['구구', '소연', '다혜', '새싹']

[그림 3-1] 리스트

문자열 데이터는 따옴표(' ')로 감싸주는 것! 잊지 마세요!

 tip!

리스트 부분의 코드는 앞으로 계속 같으니 [그림 3-1] 코드를 키보드의 Ctrl + C 를 이용하여 복사하고, 새로운 셀에 Ctrl + V 를 이용하여 붙여 사용하세요.

① 데이터에 접근하기 : 리스트 인덱싱(indexing)

선생님께서 2번을 부르면, 우리 반 2번인 '소연'이가 "네~"하고 대답을 하겠죠? 그것처럼 리스트에서도 순서를 이용해 데이터에 접근할 수 있어요. 일상생활에서 순서를 셀 때 1번부터 세지만, 리스트에서는 데이터의 순서를 0번부터 세요. 또한 어떤 데이터에 접근하고 싶을 때, 대괄호[ ]를 사용해요

▶ **개념 정리 : 리스트 인덱싱**

   A[a] : A라는 리스트의 a번째 데이터에 접근해요.

1) 앞에서부터 접근하기: 0, 1, 2, ⋯ 번째

```
1  우리반 = ['구구', '소연', '다혜', '새싹']
2  print(우리반[0])
3  print(우리반[2])
```

구구
다혜

[그림 3-2] 리스트 인덱싱

Quiz 1

'새싹'이를 출력하고 싶어요! 어떤 코드를 추가하면 될까요?

2) 뒤에서부터 접근하기: -1, -2, -3 …번째

리스트의 뒤에서부터도 순서를 매길 수 있어요. 뒤에서부터 숫자를 센다면 '거꾸로'를 의미하는 기호인 '-'를 붙여주면 돼요. 즉, 뒤에서부터 −1번째, -2번째, … 와 같이 세요.

```
1  우리반 = ['구구', '소연', '다혜', '새싹']
2  print(우리반[-1])
3  print(우리반[-3])
```

새싹
소연

데이터	구구	소연	다혜	새싹
앞에서부터의 순서	0	1	2	3
뒤에서부터의 순서	-4	-3	-2	-1

[그림 3-3] 리스트 인덱싱 (거꾸로)

Quiz 2

위 리스트에서 '구구'를 출력하는 두 개의 코드는 무엇일까요?

② 리스트 자르기 : 리스트 슬라이싱(slicing)

선생님께서 여러 명의 친구에게 심부름을 시키실 때, "1번부터 5번까지 오세요."라고 말씀하시는 경우를 본 적이 있나요? 이처럼 리스트에서도 '몇 번째부터 몇 번째까지'의 데이터에 접근할 수 있어요.

이때 우리는 ':'(콜론)을 사용해요. ':'은 키보드의 Shift⬆ 키와 ;: 키를 동시에 누르면 돼요.

[a:b]을 이용하여 우리 반에서 '소연'이와 '다혜'를 불러볼까요?

```
1  우리반 = ['구구', '소연', '다혜', '새싹']
2  print(우리반[1:2])
```
['소연']

[그림 3-4] 리스트 슬라이싱

'소연'이만 출력되었네요. [a:b]는 무엇을 의미하는 것 같나요?

바로 [a : b]는 a 이상, b 미만을 의미해요.

▶ 개념 정리 : **리스트 슬라이싱**

A[a:b]
= a 이상 b 미만의 데이터
= a번째부터 (b-1)번째까지의 데이터

다음 예시들을 보며 슬라이싱이 되는 규칙을 확인해보세요.

1) A[a:] - A 리스트의 a번째부터 마지막 데이터까지 접근하기

```
1  우리반 = ['구구', '소연', '다혜', '새싹']
2  print(우리반[2:])
```

['다혜', '새싹']

[그림 3-5] A[a:]

2) A[:b] - A 리스트의 처음부터 (b-1)번째까지 접근하기

```
1  우리반 = ['구구', '소연', '다혜', '새싹']
2  print(우리반[:2])
```

['구구', '소연']

[그림 3-6] A[:b]

3) 슬라이싱한 리스트를 새로운 리스트로 저장하기

```
1  우리반 = ['구구', '소연', '다혜', '새싹']
2  여자 = 우리반[1:3]
3  print(여자)
```

['소연', '다혜']

[그림 3-7] B = A[a:b]

③ 데이터 추가하기 : append( )

딩동! 우리 반에 전학생이 왔어요! 우리 반에 학생이 추가되는 것처럼 리스트에도 데이터를 추가할 수 있어요.

리스트에 데이터를 추가할 때, '덧붙이다.'라는 의미의 append( ) 함수를 이용해요.

> ▶ 개념 정리 : 데이터 추가하기
>
> **리스트이름.append(넣고 싶은 데이터)**

```
1  우리반 = ['구구', '소연', '다혜', '새싹']
2  우리반.append('사랑')
3  print(우리반)
```
['구구', '소연', '다혜', '새싹', '사랑']

[그림 3-8] 데이터 추가하기

원래 우리 반이 23명이라면, 이때 새로 전학 온 친구의 번호는 몇 번일까요? 맞아요! 24번이에요. 이처럼 새로 추가한 데이터의 순서는 마지막 데이터의 다음이 돼요.

```
1  우리반 = ['구구', '소연', '다혜', '새싹']
2  우리반.append('사랑')
3  print(우리반[4])
```
사랑

[그림 3-9] 리스트의 마지막 순서

그리고 빈 리스트에도 데이터를 추가할 수 있어요.

```
1  옆반 = []
2  옆반.append('우주')
3  옆반.append('지원')
4  print(옆반)
```

['우주', '지원']

[그림 3-10] 빈 리스트에 추가하기

 구구박사의 데이터 과학 지식 더하기 ....

리스트 합치기

 데이터를 넣는 것 말고, 두 개의 리스트를 합칠 수도 있어.

```
1  학년 = 우리반 + 옆반
2  print(학년)
```

['구구', '소연', '다혜', '새싹', '사랑', '우주', '지원']

 '+'를 이용하여 합치면, 앞 리스트 다음에 뒤의 리스트가 덧붙여져.

4장 순차와 반복

1 순차

여러분이 치킨집 사장님이라고 생각해 보아요. 딩동! 주문이 들어왔어요. 맛있는 치킨을 튀겨볼까요?

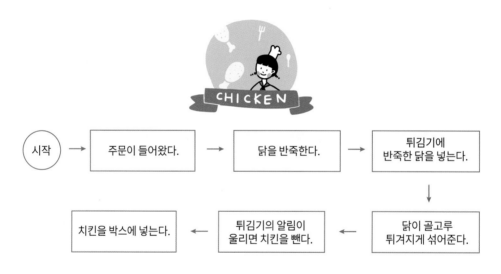

우리는 무엇을 해야 할 때, 정해진 순서에 맞게 차례차례 일을 처리해요. 그렇다면 컴퓨터는 어떨까요?

컴퓨터도 사람이 입력하는 명령어를 위에서 아래로 하나씩 차례차례 처리해요. 이런 과정을 '순차'라고 해요.

이제 컴퓨터가 어떻게 순차적으로 명령을 수행하는지 살펴볼까요?

```
㉠1  a = 1
㉡2  b = 2
㉢3  sum = a + b
  4  print(sum)
```

3

㉠ 1을 변수 a에 저장해요.

㉡ 2를 변수 b에 저장해요.

㉢ a와 b의 합, 즉 1+2를 변수 sum에 저장해요. 따라서 sum은 3이 돼요.

[그림 4-1] 순차 합계

▶ 오류 발견

만약 sum=a+b를 먼저 쓰면 어떻게 될까요?

```
1  sum = a+b
2  a = 1
3  b = 2
4  print(sum)
```

```
NameError                            Traceback (most recent call last)
Input In [5], in <cell line: 1>()
----> 1 sum = a+b
      2 a = 1
      3 b = 2

NameError: name 'a' is not defined
```

a라는 변수가 정해지지 않았다는 오류(name 'a' is not defined)가 뜨네요. 이처럼 컴퓨터가 명령을 잘 수행할 수 있도록 순서에 맞게 명령어를 입력해야 해요.

다음 코드에서 출력되는 a의 값은 무엇일까요?

```
1  a = 10
2  a = 15
3  print(a)
```

● 순차와 합계

순차 구조를 생각하며 합계를 구해보아요. 0과 1을 더해볼까요?

```
㉠1  sum = 0
㉡2  sum = sum + 1
㉢3  print(sum)
```

1

㉠ 합계를 저장할 변수 sum을 만들고, 처음에 아무것도 더하지 않았으니 0으로 정해요.

㉡ 'A=B'는 'A를 B로 정한다.'를 의미해요. sum을 'sum+1'로 정해요. 즉, 'sum+1'이
   새로운 sum이 되는 거죠. 따라서 sum은 0이므로 sum은 1이 돼요.

㉢ sum을 출력해요.

[그림 4-2] 0+1

이번에는 0+1+2+3을 구해보아요.

```
㉠1  sum = 0
㉡2  sum = sum + 1
㉢3  sum = sum + 2
㉣4  sum = sum + 3
㉤5  print(sum)
```

6

ㄱ 합계를 저장할 변수 sum을 만들고, 0으로 정해요.

ㄴ sum을 sum+1로 정해요. sum은 1이 돼요.

ㄷ sum을 sum+2로 정해요. sum은 1+2인 3이 돼요.

ㄹ sum을 sum+3으로 정해요. sum은 3+3인 6이 돼요.

ㅁ sum인 6을 출력해요.

[그림 4-3] 0+1+2+3

이제 [그림 4-3]을 참고하여 1부터 10까지의 합을 구해볼까요?

```
 1  sum = 0
 2  sum = sum + 1
 3  sum = sum + 2
 4  sum = sum + 3
 5  sum = sum + 4
 6  sum = sum + 5
 7  sum = sum + 6
 8  sum = sum + 7
 9  sum = sum + 8
10  sum = sum + 9
11  sum = sum + 10
12  print(sum)
```

55

[그림 4-4] 1부터 10까지의 합

이와 같은 방법으로 10000까지의 합을 구해보아요.

어떤가요? 당황스럽지 않나요? 위 과정처럼 하나씩 더하는 명령어를 입력하면 코드를 완성하는 것이 불가능해 보여요. 어떻게 하면 큰 수까지의 덧셈도 쉽게 할 수 있을까요?

이럴 때 우리는 명령문을 원하는 횟수만큼 반복하거나, 주어진 조건이 만족할 때까지 반복하는 '반복 구조'를 활용할 수 있어요.

```
1  sum = 0
2  for i in range(1,11):
3      sum = sum + i
4  print(sum)
```
55

[그림 4-5] 반복문 활용

1부터 10까지의 합을 구하기 위해 [그림 4-4]에서는 12줄의 코드가 필요했지만, 'for 반복문'을 사용하니 단 4줄의 코드만으로 합계를 구했어요. 반복문을 이용하면 이렇게 쉽고 편하게 결과를 얻을 수 있어요.

컴퓨터는 반복에 있어서 따라올 자가 없는 전문가예요. 사람보다 훨씬 빠르고 쉽게 반복을 처리하죠. 이렇게 단순한 반복을 컴퓨터에게 맡겨버린다면, 우리는 조금 더 창의적이고 고차원적인 일에 집중할 수 있겠죠?

그렇다면 'for 반복문'은 어떻게 사용할까요?

▶ 개념 정리 : for 반복문

for 변수 in A:
　반복할 문장

└── 들여쓰기

- A는 데이터의 세트(리스트 등)를 의미해요.
- A에 있는 모든 데이터를 순서대로 하나씩 불러와서 <변수>에 저장하고, <반복할 문장>을 실행해요.
- for문 마지막에 콜론(:)을 꼭 붙여줘야 해요.
- 들여쓰기 한 문장만 반복하기 때문에 for문에서 들여쓰기는 무척 중요해요.
  들여쓰기는 ':'를 입력한 후, 키보드의 Enter↵ 키를 누르면 자동으로 되지만,
  수동으로 들여쓰기해야 할 때는 키보드의 SPACE 키를 4번 누르거나 Tab ⇄ 키를 1번 눌러요.

[그림 4-6] for 반복문

1) 문자열 반복

예시를 보며 'for 반복문'을 이해해 보아요.

```
1  for i in ['구구', '다혜', '소연']:
2      print(i + ' 안녕')
```

구구 안녕 ㉠
다혜 안녕 ㉡
소연 안녕 ㉢

㉠ 리스트의 0번 요소인 '구구'가 변수 i에 저장되어 '구구 안녕'이 출력돼요.

㉡ 리스트의 1번 요소인 '다혜'가 변수 i에 저장돼요. '다혜 안녕'이 출력돼요.

㉢ 리스트의 2번 요소인 '소연'이 변수 i에 저장돼요. '소연 안녕'이 출력돼요.

[그림 4-7] 문자열 반복

리스트에 있는 데이터들이 하나씩 순서대로 변수 i에 저장돼요. 각 데이터가 변수에 저장되어 반복될 때마다 '들여쓰기한 문장'이 실행돼요. 이때 변수 i 대신 j, k, number 등 등 원하는 이름으로 변수 이름을 바꾸어도 돼요.

이번에는 친구들과 마피아 게임을 하려고 해요. 친구들에게 마피아, 시민, 경찰, 의사 등의 신분을 알려주는 프로그램을 만들어 볼까요?

```
1  name = ['마피아', '시민', '경찰', '의사']
2  for i in name:
3      print('당신은 ' + i + '입니다')
```
당신은 마피아입니다
당신은 시민입니다
당신은 경찰입니다
당신은 의사입니다

[그림 4-8] 마피아 게임 안내문

리스트 name의 0번 요소부터 마지막 요소까지 차례대로 변수 i에 저장되어 리스트의 데이터가 하나씩 출력되는 것을 볼 수 있어요.

2) 숫자 반복

숫자로 이루어진 리스트의 반복문도 알아볼까요?

```
1 for i in [1,2,3]:
2     print(i + 1)
```

```
2
3
4
```

[그림 4-9] i + 1

i라는 변수에 1, 2, 3이 차례대로 저장되어 들여쓰기 한 문장을 반복해요.

i가 1일 때 'print(1+1)'이 실행돼서 2가 출력되고, 2일 때 'print(2+1)'이 실행돼서 3이 출력되고, 3일 때 'print(3+1)'이 실행돼서 4가 출력돼요

3) range( ) 함수

range( ) 함수는 'for 반복문'과 함께 많이 사용되는 함수로, 숫자를 만드는 공장이라고 생각할 수 있어요.

▶ 개념 정리 : range( )

`range(A, B)` : A부터 (B-1)까지

`range(B)` : 0부터 (B-1)까지 → 횟수는 B번

`range(A, B, C)` : A부터 (B-1)까지 C 간격으로 숫자 만들기

range에서 주의해야 할 점은 끝 숫자는 포함하지 않는다는 것이에요. 직접 코드를 입력하고, 빈칸을 채워보세요.

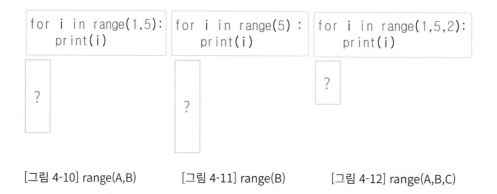

[그림 4-10] range(A,B)   [그림 4-11] range(B)   [그림 4-12] range(A,B,C)

Quiz 2

오늘은 우리 반 달리기 시합 날이에요. 친구들에게 등수를 알려주고 싶어요.
1등부터 20등까지의 친구들에게 '**등입니다. 수고하셨습니다.'라는 메시지를 출력하는 프로그램을 만들어 보세요.

💡Hint! range(a,b)는 b-1이므로 20등까지를 나타내려면, b의 값은 무엇이 될까요?

DATA SCIENCE with Dr. GUGU

4) 1부터 10까지의 합

지금까지 배웠던 것들을 종합하여 1부터 10까지의 합을 for 반복문을 이용하여 쉽게 구해볼까요?

```
㉠ 1  sum = 0
㉡ 2  for i in range(1,11):
㉢ 3      sum = sum + i
㉣ 4  print(sum)
```

55

㉠ 변수 sum을 0으로 정해요.

㉡ 변수 i가 1부터 10이 될 때까지 ㉢을 10번 반복해요.

반복하는 동안 아래의 과정으로 더하기가 진행돼요.

반복 횟수	i	SUM	
1번째	1	0+1	=1
2번째	2	0+1+2	=3
3번째	3	0+1+2+3	=6
4번째	4	0+1+2+3+4	=10
5번째	5	0+1+2+3+4+5	=15
6번째	6	0+1+2+3+4+5+6	=21
7번째	7	0+1+2+3+4+5+6+7	=28
8번째	8	0+1+2+3+4+5+6+7+8	=36
9번째	9	0+1+2+3+4+5+6+7+8+9	=45
10번째	10	0+1+2+3+4+5+6+7+8+9+10	=55

㉣ 마지막 sum을 출력해요. print(sum)을 할 때, 들여쓰기하지 않고 for 반복문에서 나와 출력해줘요. for 반복문 밖으로 나오기 위해 키보드의 Shift+ + Tab ⇄ 을 눌러요.

[그림 4-13] 1부터 10까지의 합

반복문 안에서 출력하면 어떻게 될까요?

```
1  sum = 0
2  for i in range(1,11):
3      sum = sum + i
4      print(sum)
```

```
1
3
6
10
15
21
28
36
45
55
```

 for 반복문 안에 print(sum)을 입력한 경우, 반복할 때의 모든 sum 값이 출력돼요.
우리는 마지막 sum 값만 보면 되므로 for 반복문에서 빠져나온 후, print(sum)을 입력해
야 해요.

Quiz 3

1부터 사용자가 입력한 수까지의 합을 구하는 프로그램을 만들어 보세요. 예를 들어, 사용자가
100이라고 입력한다면 1부터 100까지의 합을 구하도록 해보세요.

MEMO

다시 여러분들은 치킨집 사장님이 되었어요!

그런데 오늘따라 영 주문이 들어오지 않네요. 이렇게 주문이 들어오지 않는다면 주문이 올 때까지 기다려야겠죠?

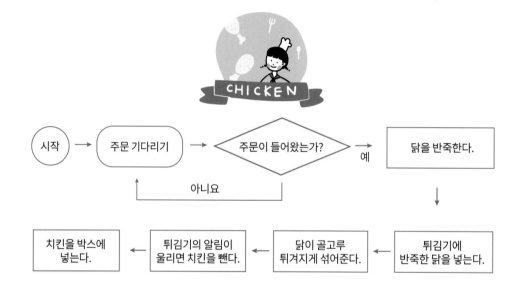

이렇게 우리는 상황과 조건에 맞게 선택적으로 행동해요.

컴퓨터에서도 조건에 맞게 선택적으로 다른 명령을 실행할 수 있어요. 바로 'if 문'을 사용한다면 말이죠.

1 if 문

▶ 개념 정리 : if 문

if 조건 :
실행할 문장

- 조건이 참이라면, 들여쓰기한 <실행할 문장>을 실행해요.
  조건이 거짓이라면, 아무것도 실행하지 않고 그냥 넘어가요.
- 'if 문'의 조건 마지막에도 콜론(:)을 꼭 붙여줘야 해요.
  그리고 키보드의 Enter↵ 키를 눌러 <실행할 문장>을 들여쓰기해요.

[그림 5-1] if 문

예시를 보며 'if 문'을 이해해요

```
㉠1  age = 12
㉡2  if age < 14:
㉢3      print('당신은 초등학생입니다.')
```

당신은 초등학생입니다.

㉠ 변수 age에 12를 저장해요.

㉡ 'age<14'가 조건이에요. '12<14'이므로 조건이 참이네요.

㉢ 조건이 참이라면, ㉢을 실행해요. 따라서 '당신은 초등학생입니다'가 출력돼요.

[그림 5-2] 조건이 참

조건이 '거짓'이라면, 어떻게 될까요? 변수 age가 15일 때는 조건이 거짓이므로 들여쓰기 한 문장이 실행되지 않아요. 따라서 아무것도 출력되지 않았네요.

```
1  age = 15
2  if age < 14:
3      print('당신은 초등학생입니다.')
```

[그림 5-3] 조건이 거짓

구구박사의 데이터 과학 지식 더하기 ....

비교연산자

 조건문에서 많이 사용하는 '비교연산자'를 소개하지.
'비교연산자'는 두 값을 비교할 때 사용해.

연산자	의미	연산자	의미
A == B	A와 B가 같다.	**A > B**	A가 B보다 크다.
		A >= B	A가 B보다 크거나 같다.
A != B	A와 B가 같지 않다.	**A < B**	A가 B보다 작다.
		A <= B	A가 B보다 작거나 같다.

 Quiz I. 다음 코드와 출력창을 보고, 빈칸에 들어갈 '비교연산자'를 적어봐.

```
1  age = 14
2  if age    14:
3      print('중1?')
```
중1?

```
1  age = 13
2  if age    14:
3      print('중1이 아니네?')
```
중1이 아니네?

● 롤러코스터 탑승 프로그램 1

여러분들은 키 때문에 롤러코스터를 타지 못한 경험이 있나요? 슬프지만 롤러코스터는 일정 키보다 작은 손님은 탈 수 없어요. 이번에는 손님들에게 키를 입력받고, 키가 160 보다 작으면 '탑승 불가'라는 메시지가 출력되는 '롤러코스터 탑승 프로그램'을 만들어 보아요.

```
㉠1  height = int(input('키를 입력하세요. : '))
㉡2  if height < 160 :
   3      print('탑승 불가')
```

키를 입력하세요. : ▢

㉠ 사용자에게 키를 숫자로 입력받아 height라는 변수에 저장해요.

㉡ 입력받은 height가 160보다 작으면 '탑승 불가'를 출력해요.

　하지만 height가 160보다 크거나 같다면 아무것도 출력되지 않아요.

[그림 5-4] 롤러코스터 탑승 프로그램 1

'생일 맞추기 게임'을 만들어 보세요.

조건 1. 사용자에게 입력받은 날짜가 내 생일과 같다면, 칭찬해줘요.

조건 2. 프로그램을 실행하면 다음과 같은 문구가 출력되게 해요.

내 생일은 0월 0일일까? 예시 - 5월 15일 [(입력상자)]

 구구박사의 데이터 과학 지식 더하기 ·········

줄 바꿈을 하려면?

내 생일은 0월 0일일까? 예시 - 5월 15일 [   ]

 입력상자 옆의 문장이 너무 길어 한눈에 잘 들어오지 않아.

이럴 때는 줄 바꿈을 해주면 좋지. 줄을 바꾸고 싶은 곳 앞에 ' \n'나 '₩n'을 추가하면 돼!

```
1  day = input('내 생일은 0월 0일일까? ₩n예시 - 5월 15일 ₩n')
2  if day == '7월 30일':
3      print('맞췄어. 대단한걸?')
```

내 생일은 0월 0일일까?
예시 - 5월 15일
[   ]

② if-else 문

우리가 앞에서 만든 '롤러코스터 탑승 프로그램'에서 160보다 작은 사람들에게는 '탑승불가' 메시지가 출력되지만, 160이 넘는 사람들에게는 아무런 메시지가 출력되지 않아요. 조건(height<160)에 해당하지 않는 사람들에게도 메시지를 출력하려면 어떻게 해야 할까요?

바로 '그렇지 않다면'의 뜻을 가진 'else'를 사용해요.

▶ 개념 정리 : if-else 문

if 조건:
　　실행할 문장1
else:
　　실행할 문장2

- 조건이 참이라면, <실행할 문장1>을 실행해요. 조건이 거짓이라면, <실행할 문장2>를 실행해요.
- else는 if와 같은 위치에서 시작해야 해요.
- 키보드의 Shift + Tab 을 이용하여 if와 시작 위치를 같게 해주세요.
  else는 항상 if와 함께 사용해야 해요.

[그림 5-5] if-else 문

● 롤러코스터 탑승 프로그램 2

'if-else 문'을 이용해서 '롤러코스터 탑승 프로그램'을 보충해볼까요?

```
1  height = int(input('키를 입력하세요. : '))
2  if height < 160 :
3      print('탑승 불가')
4  else:
5      print('탑승하세요')
```

키를 입력하세요. : 180
탑승하세요

[그림 5-6] 롤러코스터 탑승 프로그램 2

입력 상자에 180을 입력하니 '탑승하세요' 메시지가 출력되었네요. 짝짝! 이제 어떤 사람이 와도 메시지를 출력할 수 있는 프로그램이 되었네요.

> ### Quiz 3
>
> '생일 맞추기 게임 2'를 만들어봐요.
> 조건 1. 사용자에게 입력받은 날짜가 내 생일과 같다면, 칭찬해줘요.
> 조건 2. 내 생일과 같지 않다면, 틀렸다고 알려줘요.
> 조건 3. 프로그램을 실행하면 다음과 같은 문구가 출력되게 해요.
>
> 내 생일은 0월 0일일까?
> 예시 – 5월 15일

③ if-elif-else 문

다음은 수학 점수 등급표에요. 수학 점수를 묻고 등급을 알려주는 프로그램을 만들어 보아요.

수학 점수	등급
80점 이상	잘함
60점 이상 80점 미만	보통
60점 미만	노력 요함

어, 여러 개의 조건이 있네요! 어떻게 하면 좋을까요? 이렇게 조건이 여러 개일 때, 우리는 'elif'를 사용해요. 'elif'란 else와 if를 합친 말이에요.

▶ 개념 정리 : if-elif-else 문

if 조건1:
    실행할 문장1
elif 조건2:
    실행할 문장2
else:
    실행할 문장3

- 조건1이 참이라면, <실행할 문장1>을 실행해요. 조건2가 참이라면, <실행할 문장2>를 실행해요. 아무 조건에도 해당하지 않는다면, <실행할 문장3>을 실행해요.
- if, elif, else는 모두 같은 위치에서 시작해야 해요.
- elif는 항상 if와 함께 사용해야 해요.
- 조건이 세 개 이상이면, elif를 추가하면 돼요. if-elif-elif-elif-else처럼 말이죠.

[그림 5-7] if-elif-else 문

● 수학 등급 프로그램

친구들의 수학 점수를 입력받고, 80점 이상이면 '잘함', 60점 이상 80점 미만이면 '보통', 60점 미만이면 '노력 요함'을 출력하도록 프로그램을 만들어봐요.

```
㉠1  math = int(input('수학점수 : '))
㉡2  if math >= 80:
  3      print('잘함')
㉢4  elif 60 <= math < 80:
  5      print('보통')
㉣6  else:
  7      print('노력 요함')
```

㉠ 수학 점수를 정수로 입력받아 변수 math에 저장해요.
㉡ math가 80점 이상이라면, '잘함'을 출력해요.
㉢ math가 60점 이상 80점 미만이라면, '보통'을 출력해요.
㉣ math가 그 외의 점수라면, '노력 요함'을 출력해요.

[그림 5-8] 수학 등급 프로그램

Quiz 4

'놀이동산 요금 안내 프로그램'을 만들어봐요.
조건 1. 사용자에게 나이를 묻고 나이에 맞는 요금을 안내해줘요.
조건 2. 아래의 놀이동산 요금표를 참고해요.

● 1일 이용권

	A
대인/청소년	62,000원
소인/경로	52,000원

<출처> 에버랜드 공식 홈페이지

유   아 : 3세 미만(무료)
소   인 : 3세 ~ 13세 미만
청소년 : 13세 ~ 19세 미만
경   로 : 65세 이상

 구구박사의 데이터 과학 지식 더하기 ·····················

random( )

 숫자를 무작위로 뽑고 싶을 때, random( ) 함수를 사용할 수 있어.
random( )을 사용하기 전, 'import random'을 꼭 입력해야 해!

```
1 import random        #랜덤 사용 전, 꼭 쓰기
2 random.randint(A, B)  #A부터 B까지의 숫자 중 무작위의 수 뽑기
```

 1부터 100까지의 수 중, 무작위로 숫자 두 개를 뽑아볼까?

```
1 import random
2 for i in range(2):
3     print(random.randint(1,100))
```

 1부터 100까지의 수 중 무작위 수를 뽑아 출력하는 과정을 두 번 반복하기 위해 'for 문'을 사용해줘. 난 이번에 33과 76이 출력됐어. 넌 무슨 수가 출력됐니?

출력된 무작위 수 : _____

● 숫자 맞추기 게임

 1부터 30까지의 숫자 중 내가 정한 숫자를 맞춰봐.
기회는 단 다섯 번!

'숫자 맞추기 게임'을 만들어봐요. 조건을 보고, 어떤 방법으로 프로그램을 만들지 생각해 보세요.

조건 1. 정답 숫자는 1부터 30까지의 숫자 중 무작위로 정하기 ➡ ┈┈┈┈┈┈┈┈┈┈┈┈┈

조건 2. 사용자가 정답을 입력할 수 있도록 하기 ➡ ┈┈┈┈┈┈┈┈┈┈┈┈┈

조건 3. 정답을 맞힐 기회는 다섯 번 ➡ ┈┈┈┈┈┈┈┈┈┈┈┈┈

조건 4. 정답을 맞히면 '정답!', 틀리면 '틀렸어' 출력하기 ➡ ┈┈┈┈┈┈┈┈┈┈┈┈┈

이제 프로그램을 만들어 볼까요?

```
 1  print('숫자 맞히기 게임을 시작합니다.')
 2  print('1에서 30 사이의 숫자를 입력하세요.')
 3  print('기회는 다섯 번')
 4
 5  import random
㉠6  answer = random.randint(1,30)
 7
㉡8  for i in range(5):
㉢9      num = int(input('맞혀봐 : '))
㉣10     if num == answer:
 11          print('정답!')
 12          break
㉤13     else:
 14          print('틀렸어!')
 15
 16  print('정답 : ', answer)
```

ㄱ 1부터 30까지 중 무작위로 숫자를 뽑아 answer에 저장해요.

ㄴ 들여쓰기한 부분을 다섯 번 반복해요.

ㄷ 사용자에게 입력받은 숫자를 num에 저장해요.

ㄹ answer과 num이 같다면, '정답!'을 출력하고 코드를 정지시켜요.

　정답을 맞히면 더이상 반복할 필요가 없어요. 이럴 때, 멈추고 싶은 곳 아래에 'break'를 입력해줘요.

ㅁ answer과 num이 같지 않다면, '틀렸어!'를 출력해요.

[그림 5-9] 숫자 맞히기 게임

출력 결과는 어떻게 될까요? 정답을 맞히지 못한 경우에는 맞히기 과정이 다섯 번 반복되고, 마지막에 정답이 출력돼요. 반대로 정답을 맞히면 맞히자마자 반복이 종료되고 정답이 출력돼요.

```
숫자 맞히기 게임을 시작합니다.
1에서 30 사이의 숫자를 입력하세요.
기회는 다섯 번
맞혀봐 : 28
틀렸어!
맞혀봐 : 24
틀렸어!
맞혀봐 : 20
틀렸어!
맞혀봐 : 14
틀렸어!
맞혀봐 : 13
틀렸어!
정답 :  23
```

[그림 5-10] GAME OVER

```
숫자 맞히기 게임을 시작합니다.
1에서 30 사이의 숫자를 입력하세요.
기회는 다섯 번
맞혀봐 : 28
틀렸어!
맞혀봐 : 24
틀렸어!
맞혀봐 : 23
정답!
정답 :  23
```

[그림 5-11] 맞히기 성공

Quiz 5

조건을 추가해 '숫자 맞히기 게임'을 업그레이드시켜 보세요.

추가 조건 1. 사용자가 입력한 숫자가 정답보다 작으면 '숫자를 높여봐.'를 출력해요.

추가 조건 2. 사용자가 입력한 숫자가 정답보다 크면 '숫자를 낮춰봐.'를 출력해요.

6장 데이터 시각화

① 데이터 시각화란?

사람들은 짜장면과 짬뽕 중 어떤 것을 더 좋아할까요? 어떤 친구들은 "짜장면이요!" 혹은 "짬뽕이 더 인기가 많죠!"라고 생각하면서 읽고 있을 거예요. 그렇게 생각한 까닭은 무엇인가요?

"맛있어서요.", "제 친구들이 더 많이 좋아해서요." 등 다양한 까닭들이 있을 거예요. 여러분의 의견을 뒷받침하고 다른 이들을 설득할 때, 데이터는 여러분들의 의견을 설득력 있게 만들어줘요. 예를 들어, '사람들의 짜장면과 짬뽕 검색 데이터'를 보여주면, 어떤 것이 더 인기가 있는지 명확하게 알 수 있겠죠. 이러한 데이터를 어떻게 보여주는 것이 좋을까요?

[그림 6-1]은 2023년에 '1년 동안 사람들이 짜장면과 짬뽕을 검색한 수치' 데이터예요. [그림 6-2]는 [그림 6-1]의 데이터를 그래프로 나타낸 것이에요.

[그림 6-1] 수치 데이터

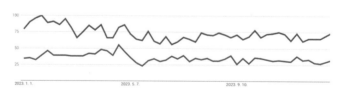

[그림 6-2] 그래프

어떤 것이 더 보기 편한가요?

맞아요. [그림 6-2]가 자료를 한눈에 파악하기 훨씬 좋군요. 이렇게 데이터를 그래프로 나타내는 과정을 '데이터 시각화'라고 해요. 이 외에도 데이터를 시각화하면 무엇이 좋을까요?

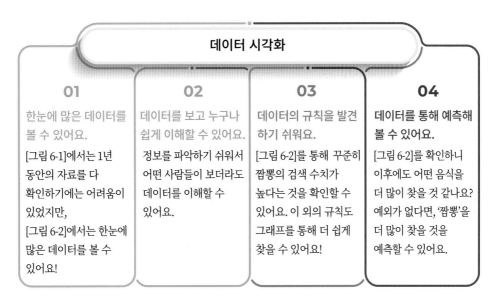

데이터 시각화

01

한눈에 많은 데이터를 볼 수 있어요.

[그림 6-1]에서는 1년 동안의 자료를 다 확인하기에는 어려움이 있었지만, [그림 6-2]에서는 한눈에 많은 데이터를 볼 수 있어요!

02

데이터를 보고 누구나 쉽게 이해할 수 있어요.

정보를 파악하기 쉬워서 어떤 사람들이 보더라도 데이터를 이해할 수 있어요.

03

데이터의 규칙을 발견하기 쉬워요.

[그림 6-2]를 통해 꾸준히 짬뽕의 검색 수치가 높다는 것을 확인할 수 있어요. 이 외의 규칙도 그래프를 통해 더 쉽게 찾을 수 있어요!

04

데이터를 통해 예측해 볼 수 있어요.

[그림 6-2]를 확인하니 이후에도 어떤 음식을 더 많이 찾을 것 같나요? 예외가 없다면, '짬뽕'을 더 많이 찾을 것을 예측할 수 있어요.

이렇게 데이터를 분석하고 예측하기에 좋은 '데이터 시각화'를 파이썬으로도 할 수 있을까요?

2 Matplotlib 라이브러리

물론이에요! 파이썬으로 데이터를 시각화할 때, 'Matplotlib'이라는 라이브러리를 가장 많이 활용해요. '라이브러리'란 여러분들에게 필요한 프로그램들이 모여 있는 도서관 같은 곳이에요. 'Matplotlib' 라이브러리에는 여러분이 잘 아는 선 그래프, 막대그래프 같은 그래프 이외에도 바코드 등을 그릴 수 있는 모듈들이 있어요.

matplotlib 라이브러리 안에는 다양한 모듈들이 있는데, 그래프를 그리기 위해서 그중 'pyplot'이라는 모듈을 불러와야 해요. pyplot은 데이터를 시각화할 수 있는 다양한 명령어들을 사용할 수 있도록 도와주는 책과 같아요. matplotlib의 pyplot 모듈을 불러와 볼까요?

아래 코드를 따라 적고, 코드를 실행해보세요.

```
1  import matplotlib.pyplot as plt
```

[그림 6-3] 별명 plt

출력창에는 아무것도 뜨지 않았지만, 잘 부른 것이니 걱정하지 말아요.

데이터 시각화를 하기 위해서 앞으로 matplotlib.pyplot을 써주어야 해요. matplotlib.pyplot이 너무 길어서 계속 입력하기 번거로울 때 as를 사용해 'plt'로 줄여 사용해요.

이 코드 덕분에 matplotlib.pyplot 대신 plt만 적어주어도 돼요.

그래프 그릴 준비를 끝냈으니 이제 그래프를 그리러 가볼까요?

* matplotlib에 대해 자세히 알고 싶다면 https://matplotlib.org/ 사이트를 참고하세요.

● 그래프 그리기 준비운동!

파이썬으로 그래프를 그리기 위해 그래프의 구성 요소를 확인해요. 그래프에서 가로축은 'x축', 세로축은 'y축'이라고 해요. 그리고 그래프의 '제목'까지 적어야 완성!

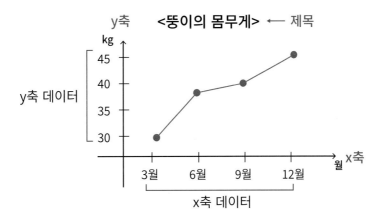

[그림 6-4] 그래프 구성 요소

3 기본그래프 : plot ( ) 함수

plot( ) 함수는 기본적인 형태의 그래프를 그리는 방법으로 여러분들이 잘 알고 있는 선형태의 그래프를 그릴 수 있어요.

```
㉠1 import matplotlib.pyplot as plt
㉡2 plt.plot([10,20,30,40])
㉢3 plt.show()
```

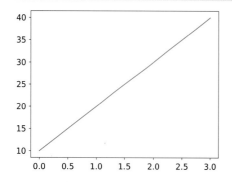

㉠ pyplot 모듈을 불러와 'plt'라는 별명을 붙여줘요.

㉡ plot( ) 함수에 입력한 리스트는 x축 데이터일까요, y축 데이터일까요? 맞아요.
y축 데이터입니다. plot( ) 함수에 리스트가 한 개인 경우, 리스트의 값은 y축 값이 되고,
x축 값은 자동으로 0부터 1씩 증가하는 것을 볼 수 있어요.

㉢ show( ) 함수가 있어야 그래프가 화면에 나타나요. 그래프 그리기가 끝났다면
마지막에 꼭 써주세요.

[그림 6-5] 리스트가 한 개일 때(y축 값)

x축 값도 직접 지정하고 싶다면 어떻게 해야 할까요? 눈치챈 친구가 있다면 대단한걸요!

```
1  import matplotlib.pyplot as plt
㉠2  plt.plot([3,4,5,6], [10,20,30,40])
3  plt.show()
```

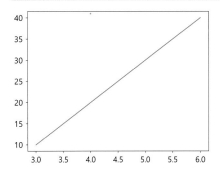

㉠ plot( ) 함수에 두 개의 리스트를 ',' (콤마)로 구분해서 입력했어요.

x축	3	4	5	6
y축	10	20	30	40

(3, 10), (4, 20), …과 같이 그래프에 표현돼요. plot( ) 함수에 리스트가 두 개인 경우,
첫 번째 리스트는 x축 값이 되고, 두 번째 리스트는 y축 값이 돼요.

[그림 6-6] 리스트가 두 개일 때(x축 값, y축 값)

▶ 오류 발견

```
1  import matplotlib.pyplot as plt
2  plt.plot([3,4,5,6,7], [10,20,30,40])
3  plt.show()
```

ValueError: x and y must have same first dimension, but have shapes (5,) and (4,)

x축 데이터의 개수와 y축 데이터 개수가 같지 않으면 오류가 발생해요.

그래프를 그리는 여러 가지 방법

x축과 y축의 데이터 값을 지정하는 여러 가지 방법이 있어요.
첫 번째 방법은 방법과 같이 plot( ) 함수에 리스트 채로 넣는 방법이에요.
두 번째 방법은 방법2와 같이 리스트를 각각의 변수에 저장한 후, plot( ) 함수에 변수를 넣는
방법이에요.

```
import matplotlib.pyplot as plt
plt.plot([3,4,5,6], [10,20,30,40])
plt.show()
```

```
import matplotlib.pyplot as plt
x = [3,4,5,6]
y = [10,20,30,40]
plt.plot(x, y)
plt.show()
```

방법1. 리스트 채로 넣기   방법 2. 변수 설정하기

두 코드의 실행 결과는 아래 그래프로 같아요.
따라서 둘 중 여러분이 더 편하다고 느끼는 방법을 사용하세요.

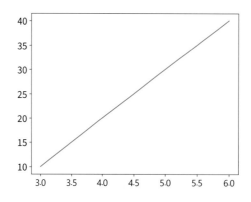

▶ 개념 정리 : **plot( ) 함수**

1. `import matplotlib.pyplot as plt` : 라이브러리를 불러와요.
2. `plt.plot([x축 데이터],[y축 데이터])` : 데이터를 입력해요. 데이터 리스트를 변수로 따로
   설정한 후 입력해도 좋아요.
3. `plt.show( )` : 그래프를 보여줘요.

Quiz 1

새싹이의 월별 수학 점수를 나타내는 선 그래프를 그려보세요.

월	3	6	9	12
새싹이의 수학 점수	60	40	70	100

1) 제목 추가하기

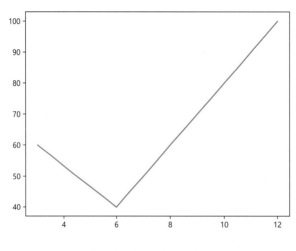

[그림 6-7] 익명의 그래프

[그림 6-7]은 무엇을 나타내는 그래프일까요? 'Quiz 1'에서 풀었던 '새싹이의 수학 점수' 그래프에요. 무엇을 나타내는 그래프인지 알기 위해서 어떤 것을 추가하면 좋을까요? 맞아요. 그래프의 제목(title)이 있으면 되겠어요!

> ▶ 개념 정리 : 제목 붙이기
>
> **plt.title('이름')**

[그림 6-7] 그래프에 제목을 추가해보아요.

```
1  import matplotlib.pyplot as plt
2  plt.plot([3,6,9,12], [60,40,70,100])
3  plt.title('새싹이의 수학 점수')
4  plt.show()
```

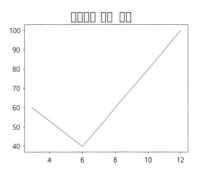

[그림 6-8] 그래프에 제목 추가   [그림 6-9] 한글 깨짐 오류

어? 그래프의 글자가 깨지는 오류가 발생했어요. 제목을 영어로 설정하면 괜찮지만, 한글로 제목을 입력하려면, 한글을 지원하는 폰트 설정을 해야 해요.

구구박사의 데이터 과학 지식 더하기 ································

한글 폰트 설정

```
plt.rc('font', family='Malgun Gothic')
```

그래프의 한글이 깨지는 경우, 그래프를 그리는 코드를 입력하기 전에 위의 코드를 추가해주세요. 여기서 family는 글자체에요. Malgun Gothic은 '맑은 고딕' 글꼴을 의미해요. 만약 mac OS 운영체제를 사용하고 있다면 AppleGothic이라고 써요.

오류를 수정하여 그래프를 완성해요.

```
1  import matplotlib.pyplot as plt
2  plt.rc('font', family='Malgun Gothic')
3  plt.plot([3,6,9,12], [60,40,70,100])
4  plt.title('새싹이의 수학 점수')
5  plt.show()
```

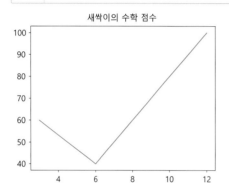

[그림 6-10] '새싹이의 수학 점수' 완성

2) 선 여러 개 그리기

이번에는 '새싹이와 나의 수학 점수'를 그래프로 비교해 볼까요?

월	3월	6월	9월	12월
새싹이의 수학 점수	60	40	70	100
나의 수학 점수	100	90	95	100

무엇을 x축 데이터로 정할까요? '시점'인 ['3월', '6월', '9월', '12월']을 x축 데이터로 정해요.

무엇을 y축 데이터로 정할까요? '새싹이의 수학 점수'와 '나의 수학 점수'를 각각 다른 y축 데이터로 정해요. 그리고 두 개의 plot( ) 함수를 입력하고, 각각의 y축 데이터를 넣어줘요.

```
1  import matplotlib.pyplot as plt
2  x = ['3월', '6월', '9월', '12월']
3  y1 = [60, 40, 70, 100]
4  y2 = [100, 90, 95, 100]
5  plt.plot(x, y1)
6  plt.plot(x, y2)
7  plt.title('새싹이와 나의 수학 점수')
8  plt.show()
```

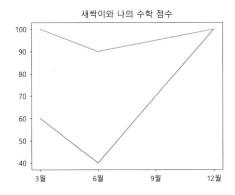

[그림 6-11] 선 여러 개 그리기

짝짝! 두 개의 선이 그려졌어요.

그런데 그래프만 보고, 어떤 선이 '새싹이의 수학 점수'를 나타내는지 알 수 있나요? 그래프만 보고는 알 수 없어요. 따라서 사람들이 그래프를 잘 이해할 수 있도록 그래프에 여러 옵션을 추가해보아요.

3) 범례(legend) 넣기

위 그래프처럼 두 개 이상의 선이 있을 때, 선의 종류를 표시하기 위한 '이름표'가 필요해요. 이 이름표 역할을 하는 것이 바로 '범례(legend)'예요. 아래 코드를 보며 '범례(legend)' 넣는 방법을 확인해봐요.

```
1 import matplotlib.pyplot as plt
2 x = ['3월', '6월', '9월', '12월']
3 y1 = [60, 40, 70, 100]
4 y2 = [100, 90, 95, 100]
5 plt.plot(x, y1, label = '새싹')
6 plt.plot(x, y2, label = '나')
7 plt.legend()
8 plt.title('새싹이와 나의 수학 점수')
9 plt.show()
```

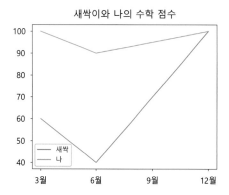

㉠ plt.plot( )에서 데이터 뒤에 label = '이름'을 추가해 각각의 선에 이름을 붙여줘요.

㉡ 이름만 붙인다고 화면에 범례가 뜨는 것은 아니에요.

plt.legend( )를 추가해야 화면에 범례가 나타나요.

[그림 6-12] 범례 추가

▶ 개념 정리 : 범례 추가

plt.plot(데이터, label = '원하는 이름') : 선에 이름을 붙여요.

plt.legend( ) : 그래프에 범례를 띄워요.

 구구박사의 데이터 과학 지식 더하기 ……………………………

x축, y축 이름 추가

 x축 이름, y축 이름을 그래프에 나타내고 싶다면, 아래의 코드를 추가해보세요!

plt.xlabel('x축 이름')

plt.ylabel('y축 이름')

```
1  import matplotlib.pyplot as plt
2  x = ['3월', '6월', '9월', '12월']
3  y1 = [60, 40, 70, 100]
4  y2 = [100, 90, 95, 100]
5  plt.plot(x, y1, label = '새싹')
6  plt.plot(x, y2, label = '나')
7  plt.xlabel('월')
8  plt.ylabel('점수')
9  plt.legend()
10 plt.title('새싹이와 나의 수학 점수')
11 plt.show()
```

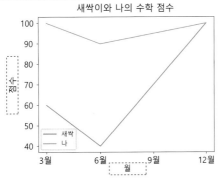

여러분들이 원하는 색깔, 두께, 선 모양, 마커(점) 모양 등 그래프의 다양한 속성을 바꿀 수도 있어요. 이것들을 모두 외울 필요는 없으며 필요할 때마다 찾아서 사용하면 돼요. 하지만 이것만은 꼭 기억하세요!

속성은 plt.plot( ) 함수 안에서 데이터 뒤에 위치해야 해요!

1) 색상 (color)

그래프의 색을 바꾸기 위해 다음과 같이 color라는 속성을 추가하면 돼요.

> ▶ 개념 정리 : 색상 설정
>
> plt.plot(데이터, color='원하는 색')

```
1  import matplotlib.pyplot as plt
2  x = ['3월', '6월', '9월', '12월']
3  y1 = [60, 40, 70, 100]
4  y2 = [100, 90, 95, 100]
5  plt.plot(x, y1, label = '새싹', color ='y')
6  plt.plot(x, y2, label = '나', color = 'red')
7  plt.legend()
8  plt.show()
```

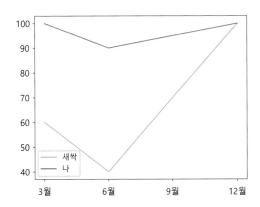

[그림 6-13] 색상 설정

기본적인 색상은 약자로 표기할 수 있어요.

(r=red, y=yellow, b=blue, g=green, k=black, w=white)

matplotlib 라이브러리에서는 다양한 색상을 지원하고 있으니 아래의 색상표를 참고하여 그래프를 원하는 색상으로 바꿔보세요!

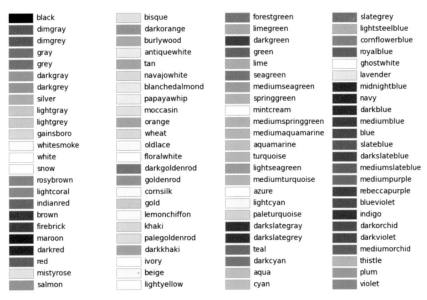

[그림 6-14] Matplotlib 색상표

2) 선 모양 (linestyle)

plot( ) 함수는 기본적으로 직선 모양의 그래프를 그리지만, 선 모양을 바꾸고 싶다면 linestyle 속성을 간단히 추가할 수 있어요.

> ▶ 개념 정리 : **선 모양 변경**
>
> **plt.plot(데이터, linestyle='원하는 모양')**
>
> ＊ linestyle을 ls로 줄여서 쓸 수 있어요.

가장 많이 사용하는 선의 형태에는 아래 4가지가 있고, 이외에도 다양한 선 모양들이 있어요.

```
1  import matplotlib.pyplot as plt
2  x = ['3월', '6월', '9월', '12월']
3  y1 = [60, 40, 70, 100]
4  y2 = [100, 90, 95, 100]
5  plt.plot(x, y1, label = '새싹', color ='y', linestyle = ':')
6  plt.plot(x, y2, label = '나', color = 'red',ls = '-.')
7  plt.legend()
8  plt.show()
```

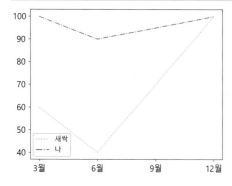

기호	선모양
-	————
:	·············
- -	················
-.	—·—·—·—

[그림 6-15] 선 모양 설정 코드

3) 마커 (marker)

plot( ) 함수로 선이 아닌 점의 형태로 그래프를 그릴 수도 있어요. 이 점을 '마커(marker)' 라고 불러요. 마커 모양에는 원, 사각형, 삼각형, 별 모양 등 여러 가지가 있어요.

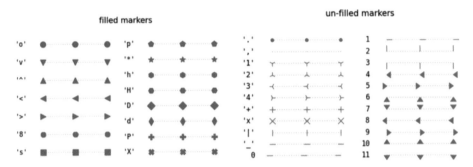

[그림 6-16] 다양한 마커 모양

[그림 6-16]에 제시된 마커 모양을 참고하여 그래프를 아래와 같이 바꿀 수 있어요.

```
1  import matplotlib.pyplot as plt
2  x = ['3월', '6월', '9월', '12월']
3  y1 = [60, 40, 70, 100]
4  y2 = [100, 90, 95, 100]
5  plt.plot(x, y1, 'o')        ◀------- 마커 모양
6  plt.plot(x, y2, '^')
7  plt.show()
```

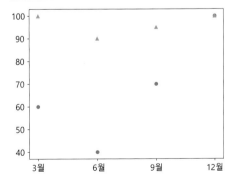

[그림 6-17] 마커 설정 코드

'우리 반 친구들이 가장 많이 사용하는 어플'을 시각화하려 해요. 어떤 그래프가 적합할까요?

<우리 반 친구들이 가장 많이 사용하는 어플>

어플 이름	youtube	instagram	game	internet
인원	9	7	5	2

데이터의 값을 비교할 때, 막대그래프를 그릴 수 있어요. 파이썬으로 막대그래프를 그려보아요.

```
1  import matplotlib.pyplot as plt
2  x = ['youtube', 'instagram', 'game', 'internet']
3  y = [9, 7, 5, 2]
4  plt.bar(x,y)
5  plt.show()
```

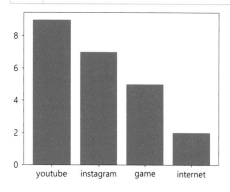

[그림 6-18] 막대그래프 그리기

막대그래프 그리는 방법, 눈치챘나요? 기본그래프를 그리던 plt.plot( )에서 plot을 bar로 바꿔주기만 하면 돼요. 그럼, bar( ) 함수 안을 살펴보아요.

첫 번째 데이터값(x)은 x축 값을 나타내요. 두 번째 데이터값(y)은 y축 값, 즉 막대의 높이를 의미해요.

이번에는 x축의 데이터 값이 숫자일 경우, x축 값이 무엇을 의미하는지 확인해보아요.

```
1  import matplotlib.pyplot as plt
2  x = [1, 3, 4, 8]
3  y = [9, 7, 5, 2]
4  plt.bar(x,y)
5  plt.show()
```

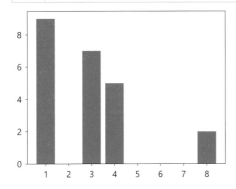

[그림 6-19] x축 데이터가 숫자일 때

어? x축이 문자열일 때와 달리 빈 곳이 생겼어요! bar( ) 함수 안의 데이터를 살펴보아요.

x축 리스트에 있는 1, 3, 4, 8의 위치에는 막대가 그려지지만, 그 외의 x축 값 위에는 막대가 그려지지 않았네요. 이를 통해 우리는 bar( ) 함수의 x축 값이 '막대의 위치'를 의미한다는 것을 알 수 있어요.

아래 코드를 보고, 출력될 그래프를 예상하여 아래쪽 그래프에 나타내 보세요.

```python
1  import matplotlib.pyplot as plt
2  x = [1, 3, 2, 8]
3  y = [9, 7, 5, 2]
4  plt.bar(x,y)
5  plt.show()
```

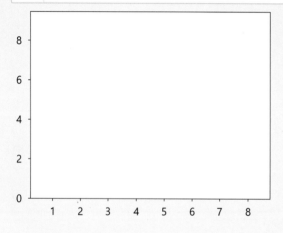

▶ 개념 정리 : bar( ) 함수

1. **import matplotlib.pyplot as plt** : 라이브러리를 불러와요.
2. **plt.bar([x축 데이터],[y축 데이터])** : x축 데이터와 y축 데이터를 입력해요
3. **plt.show( )** : 그래프를 보여줘요.

＊ bar( ) 함수에서도 x, y 값들의 개수가 일치해야 해요.

＊ plot( ) 함수에서는 리스트를 한 개만 입력해도 그래프를 그릴 수 있었지만, bar( ) 함수에서는 꼭 x축
데이터와 y축 데이터를 모두 넣어줘야 해요.

Quiz 3

새싹이는 2013년도에는 3살이었고, 2023년에는 13살이에요. 이를 시각화하기 위해 아래 코드를 입력하고, 다음과 같은 그래프를 출력했어요. 하지만 그래프에 필요 없는 연도가 나타나네요. x축에 2013년과 2023년만 나타내려면, 어떻게 코드를 수정해야 할까요?

```
1  import matplotlib.pyplot as plt
2  plt.bar([2013,2023], [3,13])
3  plt.show()
```

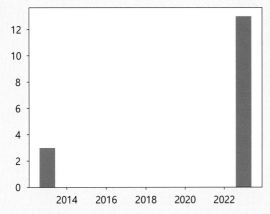

● 그래프에 옵션 추가하기

plot( ) 함수에서 선의 색상, 선 모양, 마커를 원하는 대로 지정할 수 있는 것처럼, bar( ) 함수에서도 막대의 두께, 색상 등의 옵션을 추가할 수 있어요.

1) 막대의 두께 - width

아래 코드를 추가하면 막대의 두께를 설정할 수 있어요. 기본 막대 두께는 0.8이에요.

> ▶ 개념 정리 : 막대 두께 정하기
>
> plt.bar(x, y, width=원하는 두께)

```
1  import matplotlib.pyplot as plt
2  x = ['youtube', 'instagram', 'game', 'internet']
3  y = [9, 7, 5, 2]
4  plt.bar(x,y, width=0.3)
5  plt.show()
```

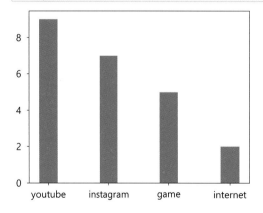

[그림 6-20] 막대 두께 설정

2) 막대의 색상 – color

아래 코드를 추가하면 막대의 색상을 설정할 수 있어요.

▶ 개념 정리 : **막대 색상 정하기**

plt.bar(x, y, color='원하는 색상 이름')

```
1  import matplotlib.pyplot as plt
2  x = ['youtube','instagram','game','internet']
3  y = [9, 7, 5, 2]
4  plt.bar(x,y, color='orange')
5  plt.show()
```

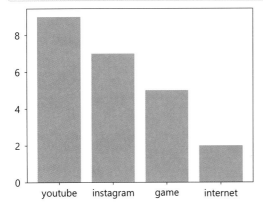

[그림 6-21] 막대 색상 설정

```
1  import matplotlib.pyplot as plt
2  x = ['youtube','instagram','game','internet']
3  y = [9, 7, 5, 2]
4  color = ['red','orange','blue','green']
5  plt.bar(x,y, color=color)
6  plt.show()
```

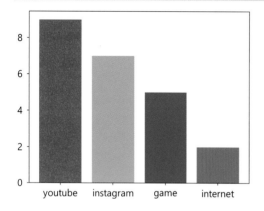

[그림 6-22] 막대 색상 여러 개로 설정

7 원그래프 : pie( ) 함수

우리 반에서 youtube를 가장 많이 이용하는 학생은 전체 학생 중 몇 프로일까요?

<우리 반 친구들이 가장 많이 사용하는 어플>

어플 이름	youtube	instagram	game	internet
인원	9	7	5	2

전체 데이터 중 특정 데이터의 비율을 알고 싶을 때, 비율그래프를 사용해요. 우리는 그 중 원그래프를 그려볼 거예요. 원그래프는 다른 말로 '파이 차트(pie chart)'라고 해요.

'우리 반 친구들이 가장 많이 사용하는 어플'의 비율을 원그래프로 나타내보아요.

```
1  import matplotlib.pyplot as plt
2  app = [9, 7, 5, 2]
3  plt.pie(app)
4  plt.show()
```

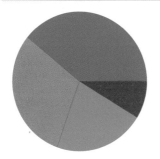

[그림 6-23] 원그래프

짝짝! pie( ) 함수의 괄호 안에 입력한 데이터가 원그래프로 잘 표현되었어요.

> ▶ 개념 정리 : pie( )
>
> **plt.pie([데이터리스트])**
> ＊ 데이터의 크기에 따라 원의 각 부분의 크기가 결정돼요.

[그림 6-23] 그래프만 보고 각 부분이 어떤 데이터를 나타내는지 알 수가 없네요. 그래프에 어떤 것을 추가하면 좋을까요? 그래프에 추가할 수 있는 옵션을 하나씩 알아보아요.

● 그래프에 옵션 추가하기

1) 레이블 추가 – labels

plot( ) 함수에서 배웠던 'label' 기억하나요? pie( ) 함수에서도 각 항목에 label, 즉 이름을 붙일 수 있어요. 레이블(labels)을 추가하면 어느 부분이 무엇을 나타내는지 알 수 있어요. 앞에서 그렸던 원그래프에 레이블을 추가해볼까요?

앱 이름을 담은 label 리스트를 만들어요. app 리스트에 저장된 데이터의 개수는 총 4개예요. 따라서 label 리스트에도 4개의 이름값을 저장해요. 그리고 pie( ) 함수의 labels 속성을 리스트 label로 정해요.

```
1  import matplotlib.pyplot as plt
2  app = [9, 7, 5, 2]
3  label = ['youtube','instagram','game','internet']
4  plt.pie(app, labels = label)
5  plt.show()           ↑⋯ 레이블 추가
```

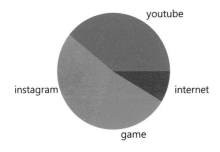

[그림 6-24] 레이블 추가하여 그리기

▶ 개념 정리 : 레이블 추가(labels)

A = ['이름1', '이름2', ...]   : 이름값 리스트를 만들어요.

plt.pie([데이터리스트], labels=A) : 레이블 속성을 추가해요.

---

2) 비율 표시하기(autopct)

레이블을 추가하니 각 부분의 의미를 쉽게 파악할 수 있어요. 하지만 위 그래프로는 각 부분의 비율이 얼마나 차이 나는지 알 수 없어요. 이럴 때, 그래프에 비율을 표시할 수 있어요. 비율은 pie( ) 함수의 autopct 속성을 이용하여 나타내요. autopct는 auto percent라는 의미로, 전체에 대한 부분의 비율을 자동으로 계산해서 표시해줘요.

정확한 계산을 위해 소수점까지 나타내는 실수(float)로 표시해보아요. 이때 소수점 아래 몇 번째 자리까지 표현할지 정해야 해요. 소수점 아래 첫 번째 자리까지 표현하려면 '%.1f%%', 소수점 아래 두 번째 자리까지 표현하려면 '%.2f%%'을 입력해요. 그렇다면 소수점 아래 세 번째 자리까지 표현하려면 어떻게 써야 할까요?

```
1  import matplotlib.pyplot as plt
2  app = [9, 7, 5, 2]
3  label = ['youtube', 'instagram', 'game', 'internet']
4  plt.pie(app, labels=label, autopct='%.3f%%')  ◀----- 비율 표시
5  plt.show()
```

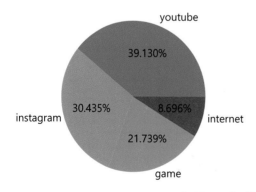

[그림 6-25] 비율 표시하기

8 상자그림 : boxplot( )

상자그림은 여러 데이터 그룹을 비교하거나 데이터들이 어떻게 퍼져있는지(분포)를 확인하기 좋은 그래프예요. 상자그림에게는 특별한 점이 있어요. 데이터들의 최댓값과 최솟값 이외에도 상위 25% 값, 중앙값, 하위 25% 값 등을 나타내죠.

예시를 보며 상자그림을 이해해보아요. 우리 반 친구들의 수학 점수를 상자그림으로 나타내볼게요.

```
㉠1  import matplotlib.pyplot as plt
㉡2  math = [55,75,75,80,80,80,80,85,90,95,100]
㉢3  plt.boxplot(math)
㉣4  plt.grid()
  5  plt.show()
```

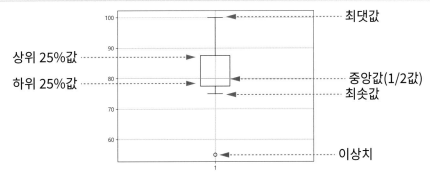

㉠ 그래프를 그리기 위해 준비해요.

㉡ 11명의 수학 점수가 있는 리스트를 만들어줘요.

㉢ math의 데이터를 상자그림으로 나타내요.

㉣ 그래프에 격자무늬를 추가해요.

[그림 6-26] 상자그림

- 중앙값은 데이터 중 가운데에 위치한 값이에요. 성적이 좋은 학생들을 줄 세웠을 때, 중간에 위치한 친구의 점수가 바로 중앙값이에요. 박스 안의 주황색 선이 바로 중앙값을 의미해요.

- 박스의 위쪽은 상위 25%의 값이고, 아래쪽은 하위 25%의 값이에요.

- 수염은 박스 양 끝에 연결된 선을 말해요. 위쪽 수염 끝은 최댓값, 즉 100점이, 아래쪽 수염 끝은 최솟값, 75점이 있어요. 여기서 잠시 math 리스트를 다시 확인해보세요. 가장 낮은 점수는 55점이네요? 그런데 왜 55점이 최솟값이 아닐까요?

- 이상치는 극단적인 데이터로 전체 데이터에서 벗어난 아주 크거나 작은 값들을 나타내요. 학교에서 시험을 보게 되면 누군가는 특출하게 높은 점수를 받거나 낮은 점수를 받는 경우가 있는데, 이런 점수들이 바로 이상치예요. 여기서는 55점이 이상치죠. 극단적인 값이기 때문에 박스를 그리는 데 영향을 주지 않아요. 이상치는 그래프에서 수염을 벗어난 점으로 나타나요.

9 산점도 : scatter( )

산점도는 데이터를 점으로 나타낸 그래프예요. 산점도는 두 데이터 간의 관계를 파악하거나 데이터가 어떻게 퍼져있는지(분포)를 확인할 때 사용해요. 산점도는 scatter( ) 함수로 나타낼 수 있어요.

scatter( ) 함수의 ( ) 안에 x축 데이터값과 y축 데이터값을 넣어 산점도를 그려요. [그림 6-27]에 입력된 데이터를 보아요. 순서쌍으로 나타내면 (40, 152), (50, 160), (60, 167), (70, 185)예요. 이를 산점도로 나타내면 아래의 그래프와 같죠.

```python
import matplotlib.pyplot as plt

몸무게 = [40,  50,  60,  70]
키      = [152, 160, 167, 185]

plt.scatter(몸무게, 키)
plt.show()
```

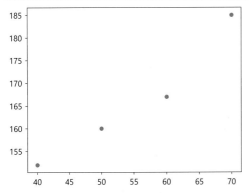

[그림 6-27] 산점도 그리기

10대를 위한 데이터 과학
with 파이썬

두 걸음
데이터 과학 씨앗반

if...

</>

<READY TO CODE>

<?>

7장 데이터 과학 준비운동

① 데이터란 무엇일까요?

데이터 과학을 하기 전, 데이터 과학의 재료인 데이터에 대해 알아볼까요? 데이터는 우리가 관찰하거나 조사, 실험하는 등 여러 활동을 하며 얻은 자료를 의미해요.

여러분의 이름, 나이, 주민등록번호 등의 개인 정보. 학교의 학년별 학생 수. 사람들에게 의견을 물어보고 얻은 설문조사 결과. 모두 데이터라 할 수 있어요. 또한 여러분들이 SNS에 올리는 글과 사진, 영상도 데이터죠. 일상 속의 정보들은 모두 데이터예요! 이처럼 데이터는 우리 주변에서 쉽게 찾을 수 있죠!

여러분들이 생각하는 데이터에는 어떤 것들이 있나요?

② 우리의 자산, 빅데이터

(1) 빅데이터의 개념 및 활용

빅(Big) 데이터(data)는 이름에서 알 수 있듯이 디지털 환경에서 만들어지는 아주 방대한 양, 빠른 속도, 다양한 형태를 가진 데이터를 말해요.

빅데이터는 인터넷의 발달과 PC·모바일 기기의 생활화로 사람들이 남기는 디지털 발자국이 기하급수적으로 증가하며 생겨난 개념이에요. 전 세계 사람들이 인터넷을 통해 실시간으로 올리는 글과 영상뿐만 아니라 무엇을 검색했는지, 어떤 사이트에 접속했는지, 어떤 화면을 오래 보았는지 등의 모든 기록이 데이터로 저장돼요. 이렇게 인터넷만 연결되면 언제 어디서나 나의 모든 활동이 빅데이터로 사용될 수 있어요. 빅데이터의 수집이 쉬워졌기에 이를 어떻게 활용하는지가 중요해졌어요.

그렇다면 사람들은 빅데이터를 어떻게 활용하고 있을까요? 예를 들어, 쿠팡은 빅데이터를 활용하여 사용자의 나이, 취향 등을 분석해 상품을 추천해줘요. 또한 상품의 가격을 조정하기도 하고, 배송 데이터를 분석하여 최적의 배송 방법을 선택해 배송 시간을 줄이기도 하죠. 이 외에도 범죄와 같은 사회 문제 예방, 건강 및 질병 관리, 날씨 예측 등 다양한 분야에서 활용하고 있어요.

이처럼 빅데이터는 인공지능, 블록체인, 사물인터넷, 합리적 의사결정 등의 재료가 되기 때문에 중요한 자산이에요.

(2) 빅데이터의 5가지 특징

빅데이터는 'V'로 시작하는 5가지의 특징을 가지고 있어요. 양(Volume), 속도(Velocity), 다양성(Variety), 정확성(Veracity), 가치(Value)로 5개의 V라고 하여 5V라고도 해요. 빅데이터의 특징을 하나씩 살펴보아요.

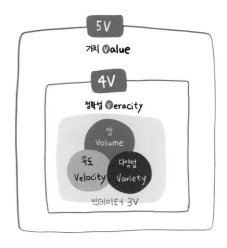

[그림 7-2] 빅데이터의 특징 5V

첫 번째, 데이터의 양(Volume)이 방대해요. 빅데이터의 크기는 상상을 초월할 정도로 커요. 정보통신기술이 발전하면서 대량의 데이터를 쉽게 수집할 수 있게 되었어요.

두 번째, 빠른 속도(Velocity)를 지니고 있어요. 많은 양의 데이터가 생성되고 전달되는 속도가 매우 빨라요. 우리가 스마트폰이나 인터넷을 사용하거나 검색하는 과정에서 데이터는 실시간으로 빠르게 만들어지고, 다양한 곳에 빠르게 전달되죠.

세 번째, 데이터의 형태가 다양(Variety)해요. 데이터는 글, 숫자, 그림, 소리, 영상, 문서 등 다양한 형태를 지니고 있어요.

네 번째, 데이터는 정확(Veracity)해야 해요. 데이터가 많아질수록 정확하지 않거나 오류가 있을 가능성이 높아져요. 정확성이 없다면 데이터의 규모가 크더라도 유용하지 않아요. 따라서 수집한 데이터가 정확한지, 분석할 만한 가치가 있는지 등 데이터의 정확성을 확인해야 하는 필요성이 높아지고 있어요.

다섯 번째, 데이터를 통해 가치(Value)를 만들 수 있어야 해요. 수집한 데이터를 바탕으로 삶을 개선하거나 미래를 예측하는 등 어떻게 활용하여 가치를 극대화할 수 있을지에 대한 고민이 필요해요.

③ 데이터 과학이란 무엇일까요?

우리가 이 책을 통해 배우게 될 데이터 과학은 어떤 학문일까요?

데이터 과학이란 데이터로부터 가치를 발견하는 학문이에요. 과학적 방법으로 수집한 데이터를 분석하고, 규칙을 발견하여 데이터로부터 의미 있는 결과를 얻어 이를 효과적으로 활용하고 전달하는 과정을 거치죠. 데이터를 분석하고 처리하기 위해 수학, 통계학, 컴퓨터 과학 등 다양한 분야의 이론과 기술들이 필요하기도 해요. 예시를 통해 데이터 과학에 대해 더 쉽게 이해해볼까요?

[그림 7-3] 데이터 과학이란?

최근 쇼핑몰들은 사용자의 접속 경로, 쇼핑 시간, 스크롤 패턴, 과거 구매 횟수 등 다양한 데이터를 수집하여 분석해요. 이 데이터를 바탕으로 사용자가 좋아할 만한 의류를 추천해주거나 구매 확률을 높일 수 있는 할인 쿠폰을 제공하는 등의 고객 맞춤 서비스를 제공하기도 하죠. 이처럼 데이터를 단순히 분석하는 것을 넘어 새로운 의미를 찾아 가치를 창출하는 것이 데이터 과학이라 할 수 있어요. 알고 보면 데이터 과학은 이미 우리 삶 속에 있답니다!

4 데이터 과학의 단계

'인수다시분해' 단계에 따라 데이터 과학을 해보아요. '인수다시분해' 단계는 '문제 인식
→ 데이터 수집하기 → 데이터 다듬기 → 데이터 시각화하기 → 데이터 분석하기 → 문
제 해결'의 과정을 거쳐요.

1) 문제 인식

데이터 과학의 시작으로 데이터 과학을 하는 목적을 정하는 단계에요. 어떤 문제를 해
결하고 싶은지, 그 문제를 해결하기 위해 어떤 데이터가 필요하고, 어떤 방법으로 분석
할지 등 데이터 과학의 방향을 세우죠. 여러분들이 평소에 관심 있는 부분, 생활 속에서
개선되었으면 하는 점과 같이 여러 방면에서 생각해보면 다양한 문제를 발견할 수 있어
요. (때로는 수집한 데이터를 살펴본 후, 문제 인식 단계를 거치기도 해요.)

2) 데이터 수집하기

문제를 해결하기 위해 데이터를 수집하는 단계로 신중함이 필요해요. 이 단계에서 가장
중요한 것은 목적에 알맞은 데이터를 수집해야 한다는 점이에요. 즉 데이터를 수집할
때, 문제를 해결할 수 있는 데이터인지, 정확하고 신뢰도가 있는 데이터인지, 저작권 및
개인 정보 보호에 어긋나지 않는지 등 여러 가지에 주의해야 하죠. 공공데이터를 제공
하는 플랫폼이 아래와 같이 다양하게 있으니 누구나 쉽게 데이터를 수집할 수 있어요.

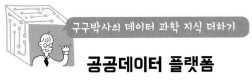

공공데이터 플랫폼

웹사이트	주소 및 특징
공공데이터포털	https://www.data.go.kr/ 국가에서 보유하고 있는 교육, 국토관리, 문화관광, 재난안전 등의 다양한 데이터를 개방하여 분야별로 제공
국가교통 데이터 오픈마켓	https://www.bigdata-transportation.kr/ 한국도로공사, 한국철도공사 등의 교통 관련 기관이 제공하는 차량 이동, 공간 정보 등의 분야별 데이터를 모아 제공하며 회원 가입 필요
국가통계포털	https://kosis.kr/ 통계청이 제공하는 사이트로 30개 분야의 국내통계, 주요 지표 관련 국제 및 북한의 통계 등 다양한 데이터를 제공하며 흥미로운 통계 시각화 콘텐츠 체험 가능
기상자료개방포털	https://data.kma.go.kr/ 기상청에서 제공하는 기온, 강수량, 장마, 황사, 폭염일수 등의 날씨데이터를 조건에 맞게 검색하여 데이터 파일을 다운로드하여 활용 가능
문화공공데이터 광장	https://www.culture.go.kr/data 문화체육관광부 및 다른 기관에서 가지고 있는 문화예술, 문화유산, 관광, 체육 등의 문화 분야의 데이터를 제공하며 데이터 이용 시 신청서 작성 필요
문화 빅데이터 플랫폼	https://www.bigdata-culture.kr/ 한국문화정보원에서 한국청소년활동진흥원, 한국문화예술위원회 등 여러 기관에서 수집한 문화 관련 데이터들을 모아 제공하며 회원가입 필요
식품영양성분 데이터베이스	https://various.foodsafetykorea.go.kr/nutrient/ 식품의약품안전처, 국립농업과학원 등 식품 관련 기관에서 데이터를 제공하여 식품의 영양 성분, 에너지 적정 비율 등을 활용 가능
학교알리미	https://www.schoolinfo.go.kr/ 한국교육학술정보원에서 전국의 각 학교에서 제공하는 학생, 교육 활동, 급식 상황, 학업 성취 등 교육과 관련된 데이터들을 모아 제공

3) 데이터 다듬기

데이터를 수집한 후, 목적에 맞게 데이터를 다듬어주는 단계에요. 수집한 데이터에 필요하지 않거나 빠진 데이터가 있을 수 있고, 데이터를 분석하기에 불편한 형태로 수집되어 있을 수 있어요. 데이터 다듬기는 이러한 데이터를 수정, 삭제하는 과정이에요. 다른 단어로는 '데이터 전처리'라고도 할 수 있어요.

4) 데이터 시각화하기

다듬기까지 완료한 데이터를 효과적으로 ①분석할 수 있는 도구를 정한 후, ②데이터를 시각화하는 단계에요.

> ① 분석을 위한 도구에는 파이썬, C언어, R, 자바 등의 프로그래밍 언어가 있어요. 우리는 이 중 '파이썬'을 활용하여 데이터를 분석해 볼 거예요.
> ② 분석 도구를 정한 후, 데이터를 시각화해요. 데이터 시각화는 데이터가 한눈에 보일 수 있도록 선 그래프, 막대그래프, 원그래프 등의 그래프로 나타내는 것을 말해요. 데이터를 효과적으로 전달하기 위해 적합한 그래프를 선택하여 시각화하죠.

5) 데이터 분석하기

데이터와 시각화한 자료를 바탕으로 데이터를 분석하는 단계에요. 데이터에서 규칙을 찾아보며 의미 있는 결과를 얻거나 미래를 예측하기도 해요.

6) 문제 해결

데이터 수집부터 분석까지의 단계를 거치며 얻은 결과를 바탕으로 앞서 인식했던 문제를 해결해요.

지금까지 살펴본 데이터 과학의 단계가 이해되었나요? 앞으로 '인수분해다시' 단계를 바탕으로 데이터 과학을 경험해 보아요!

⑤ 우리도 데이터 과학자가 될 수 있어요!

여러분도 데이터 과학자가 될 수 있을까요?

그럼요! 10대인 여러분도 충분히 데이터 과학자가 될 수 있어요. 그렇다면 데이터 과학자가 하는 일은 무엇일까요?

데이터 과학자는 데이터 과학을 연구하는 사람이에요. 수많은 데이터를 모으고, 분석하기 편리하도록 다듬고, 데이터를 통해 얻은 결과 및 가치를 다른 사람에게 효과적으로 전달하는 역할을 하죠.

[그림 7-4] 우리도 데이터 과학자!

데이터 과학자는 주로 아래와 같은 일을 해요.

① 무엇을 연구할 것인지 연구 문제를 설정해요.

② 다양한 데이터를 수집해요.

③ 통계 및 기계 학습 기술, 프로그래밍 언어 등을 활용하여 데이터를 분석해요.

④ 데이터를 시각화하여 다른 사람들이 이해하기 쉽게 만들어요.

⑤ 분석 및 시각화 과정과 결과를 살펴보며 의사결정을 하거나 가치를 찾아내요.

⑥ 의미 있는 결과를 다른 사람들과 공유해요.

데이터 과학자는 다양한 분야에서 찾아볼 수 있어요. 예를 들어, 금융 분야에서 고객의 거래 기록 데이터를 분석하여 위험 요소를 탐지하거나 고객의 서비스를 개선하기 위한 의사결정을 내릴 수 있어요. 또한, 의료 분야에서는 환자 데이터를 분석하여 그 환자가 질병에 걸릴 가능성을 예측하여 조기 진단과 치료에 기여할 수 있어요. 이외에도 게임 분야에서 사용자의 플레이 방식, 아이템 사용 등의 데이터를 분석하여 흥미로운 콘텐츠를 만들 수도 있죠.

이처럼 여러분도 주변에서 문제를 발견하고, 이를 해결하기 위해 데이터를 수집하고 분석하여 가치를 발견한다면 데이터 과학자가 될 수 있어요! 그럼 드디어 데이터 과학자가 되기 위한 첫 번째 단계를 시작해 볼까요?

출발!

MEMO

8장 피자 vs 치킨, 사람들의 선택은?

PYTHON

인생은 선택의 연속이죠. 우리는 종종 선택하기 곤란한 순간에 마주치곤 해요. 그 중 너무나도 치열해 논란이 되는 선택지들이 있는데요. 바로 '피자 vs 치킨'이에요!

쭈욱 늘어나는 고소한 치즈가 있는 피자, 고소하고 바삭바삭한 치킨! 여러분의 선택은 무엇인가요? '피자'와 '치킨' 중 사람들이 더 많이 찾는 음식은 무엇인지 알아볼까요?

'인수분해다시' 단계에 따라 데이터를 분석해보아요.

이번 장에서는 무엇을 배울까요?

- '인수다시분해 단계'에 따라 데이터를 분석할 수 있어요.
- 필요한 데이터와 필요하지 않은 데이터를 분류하고, 데이터를 다듬을 수 있어요.
- matplotlib을 이용하여 선 그래프를 그리고 해석할 수 있어요.

① 문제 인식하기

다혜야, 출출한데 야식 먹을까?

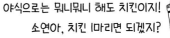
야식으로는 뭐니뭐니 해도 치킨이지!
소연아, 치킨 1마리면 되겠지?

에? 치킨은 기름이 너무 많고 느끼하잖아!
치킨보다는 피자지!

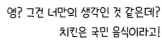
엥? 그건 너만의 생각인 것 같은데?
치킨은 국민 음식이라고!

다양한 재료가 들어있는 피자가 국민음식 아니야?

그럼 데이터를 통해 피자와 치킨 중 어떤 것을 많이 찾는지 알아보자고!

● 문제 해결 계획하기

(1) 우리가 해결해야 하는 문제는 무엇인가요?

해결할 문제

(2) 문제 해결을 위해 어떤 데이터가 필요할까요?

필요한 데이터

사람들이 무엇을 더 많이 찾는지 알아보려면 어떤 데이터가 필요할까요? 어떤 것에 관심이 있을 때, 우리는 인터넷에서 그것을 검색하곤 하죠. 그러니 피자와 치킨 중 검색량이 더 높은 것을 사람들이 더 많이 찾는다고 말할 수 있겠죠?

② 데이터 수집하기

1. 책 앞의 홈페이지 접속
2. '자료실' 클릭
3. 'food.csv' 파일 내려받기
4. 내려받은 파일이 '다운로드(Downloads)' 폴더에 있는지 확인하기

데이터 출처) 구글 트렌드

	A	B	C	D
1	날짜	피자	치킨	족발
2	2023-01-01	64	90	13
3	2023-01-08	60	88	14
4	2023-01-15	62	78	11
5	2023-01-22	71	86	14
6	2023-01-29	64	87	13
7	2023-02-05	66	89	13
8	2023-02-12	66	85	15
9	2023-02-19	79	81	12

[그림 8-1] food.csv

* 검색 지수는 차트에서 가장 높은 값을 기준으로 한 검색 관심도를 나타내요. 가장 많이 검색된 검색어의 경우 100, 절반 정도로 검색된 검색어의 경우 50, 검색된 데이터가 충분하지 않으면 0으로 나타내요.
* 이 방법으로 내려받은 파일은 데이터 수집하기 과정을 거친 것이에요.

 구구박사의 데이터 과학 지식 더하기 ·

csv 파일

 '.csv 파일'은 데이터를 쉼표(,)를 이용해 구분하여 파일에 저장하는 형식이에요. '.csv파일'은 텍스트 기반이며 메모장에서 파일을 열면 [그림 8-3]과 같은 모습을 볼 수 있어요. 하지만 Microsoft Excel(엑셀)과 같은 스프레드시트 프로그램에서도 '.csv 파일'을 열 수 있죠. 데이터 과학에서는 많은 경우에 데이터들을 csv 파일로 공유하기 때문에 우리도 주로 csv 파일을 사용할 거예요.

food.csv

[그림 8-2] csv 파일

food.csv - Windows 메모장
파일(F) 편집(E) 서식(O) 보기(V)
날짜,피자,치킨,족발
2023-01-01,64,90,13
2023-01-08,60,88,14
2023-01-15,62,78,11

[그림 8-3] 메모장으로 연 csv 파일

③ 데이터 다듬기

1) 어떤 데이터가 필요할까?

우리가 내려받은 csv 파일을 살펴보면서 수집한 데이터를 적어보아요.

수집한 데이터	

이 중 우리에게 필요하지 않은 데이터도 있는 것 같은데요. 수집한 데이터 중 필요한 것과 필요하지 않은 것을 나누어 볼까요?

필요한 데이터	필요하지 않은 데이터

피자와 치킨의 데이터만 필요하므로 족발 데이터는 필요하지 않아요. 이처럼 필요 없는 데이터를 삭제하거나 데이터를 수정하는 것이 '데이터 다듬기'에요. 현대에는 데이터가 넘쳐흐르기 때문에, 데이터를 다듬는 과정은 매우 중요해요.

2) 필요하지 않은 데이터를 삭제하기

삭제할 데이터가 있는 D열(족발 데이터)을 선택해요. 마우스의 '오른쪽 버튼'을 클릭하고 '삭제' 버튼을 선택해요. 이제 우리에게 필요한 피자와 치킨 데이터만 남았어요.

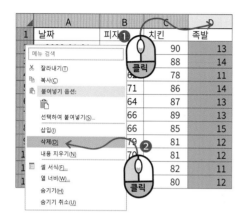

[그림 8-4] 족발 데이터 삭제하기

[그림 8-5] 족발 데이터 삭제 완료

3) 다듬은 데이터 저장하기

필요하지 않은 데이터를 삭제한 후, 🖫버튼을 눌러 다듬은 데이터를 저장해요.

[그림 8-6] 다듬은 데이터 저장하기

④ 데이터 시각화하기

피자와 치킨의 검색 데이터는 예상대로 치열한데요. 데이터가 많아서 분석하는 것이 어려울 때, '데이터 시각화'로 데이터를 한눈에 파악할 수 있어요. '1년 동안의 치킨과 피자의 검색 지수 데이터'는 어떤 그래프로 시각화하는 것이 적합할까요? 날짜별 변화를 한눈에 비교할 수 있는 선 그래프가 효과적이겠어요!

1) 새로운 주피터 노트북 열기

우리가 'food.csv' 파일을 저장한 다운로드(Downloads) 폴더에서 새로운 주피터 노트북을 열어주세요.

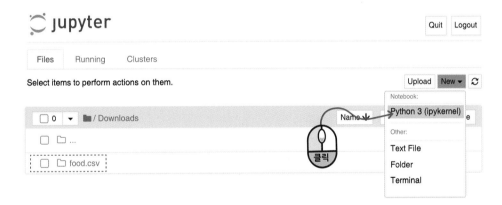

[그림 8-7] 새로운 주피터 노트북 열기

▶ 오류 발견 - csv 파일의 위치

FileNotFoundError: [Errno 2] No such file or directory: 'food.csv'

주피터 노트북과 csv 파일이 저장된 위치가 다를 경우 오류가 발생해요. 따라서 주피터 노트북과 'food.csv'의 위치를 같게 해주세요.

2) 데이터 읽기 및 준비하기

우리가 올린 파일의 확장자는 csv예요. csv 파일에서 데이터를 읽기 위한 코드를 입력해요.

```
ㄱ1  import csv
ㄴ2  f = open('food.csv', encoding = 'cp949')
ㄷ3  data = csv.reader(f) ................... 데이터 파일 이름
ㄹ4  next(data)
```

ㄱ csv 파일 패키지를 불러와요. csv 파일을 다룰 때 꼭 써주세요.

ㄴ 데이터 파일을 열어요. 데이터 파일에 한글이 있을 때, 인코딩 방법(encoding)을 써주어야 해요.
   인코딩이란 컴퓨터가 한글을 이해할 수 있도록 도와주는 과정이에요.

ㄷ 'food.csv' 파일의 데이터를 읽어와서 'data'라는 변수로 저장해요.

ㄹ data의 데이터를 0번 행이 아닌 1번 행부터 읽어줘요. 'food.csv' 파일의 0번 행은 데이터의
   이름을 알려주는 행이에요. 그래프를 그리는 데에는 필요가 없으므로 next( )를 통해 0번 행을
   건너뛰어 읽을 수 있도록 해요.

[그림 8-8] 데이터 읽기 및 준비하기

▲	A	B	C
1	날짜	피자	치킨
2	2023-01-01	64	90
3	2023-01-08	60	88
4	2023-01-15	62	78

0번 행 → 1
1번 행 → 2

[그림 8-9] next(data)

3) 빈 리스트 만들기

피자 데이터를 담을 빈 리스트 pz, 치킨 데이터를 담을 빈 리스트 ck, 날짜 데이터를 담을
빈 리스트 date를 만들어요. 리스트 이름은 여러분들이 원하는 대로 바꾸어도 좋아요.

```
1  pz = []
2  ck = []
3  date = []
```

[그림 8-10] 빈 리스트 만들기

4) 데이터를 각각의 리스트에 넣기

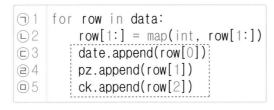

[그림 8-11] 데이터를 리스트에 넣기

[그림 8-12] csv 파일 구조

㉠ 'for 반복문'으로 데이터를 1번 행부터 마지막까지 한 행씩 차례대로 읽어요.

㉡ 우리 눈에는 '피자와 치킨의 검색 지수 데이터'가 숫자로 보이지만 프로그램은
'문자열'로 인식해요. 모든 데이터에 함수를 한꺼번에 적용해주는 map( ) 함수와 데이터를
정수로 바꿔주는 int( )를 이용하여 row[1]부터 마지막 열까지 모든 데이터를 정수로 바꿔요.

㉢ row[0]의 데이터를 date 리스트에 넣어요.

㉣ row[1]의 데이터를 pz 리스트에 넣어요.

㉤ row[2]의 데이터를 ck 리스트에 넣어요.

map( ) 함수

 map( ) 함수는 반복문 없이 데이터에 함수를 한꺼번에 적용해줘요. 이해를 위해 그림으로 생각해보아요. map(□,○)는 '○ 데이터에 □ 함수를 적용해라'로 해석돼요. 따라서 모든 ○가 □로 바뀌었네요.

map (함수, 데이터)   map (□, ○)

5) 선 그래프 그리기

피자와 치킨 검색 지수를 각각의 선으로 나타내 보아요. 그래프의 선이 2개가 되겠죠? 두 선의 x축 데이터는 연도로 같게, 또 y축 데이터는 각각 피자 검색 지수, 치킨 검색 지수로 하면 되겠어요. 그래프를 그려볼까요?

```
 1 import matplotlib.pyplot as plt
㉠2 plt.figure(figsize=(10,5))
㉡3 plt.rc('font', family='Malgun Gothic')
 4 plt.plot(date, pz, 'red', label = '피자')
 5 plt.plot(date, ck, 'blue', label = '치킨')
㉢6 plt.xticks(rotation=90)
 7 plt.title('피자와 치킨의 검색지수')
 8 plt.legend()
 9 plt.show()
```

㉠ 그래프의 크기를 설정하는 코드로 figsize=(가로 인치, 세로 인치)를 의미해요.
　y축보다 x축 눈금의 개수가 더 많으므로 세로보다 가로의 길이를 더 길게 설정해요.

㉡ 그래프에서 한글이 깨지지 않도록 폰트 설정을 해요. 이 코드는 그래프를 그리기 전에 입력해줘요.

㉢ x축 눈금 데이터, 즉 날짜 문자열의 길이가 길어 겹쳐질 수 있으므로 문자열을 90도 회전시켜요.

[그림 8-13] 선 그래프 그리기

6) 완성 코드

```
1   import csv
2   f = open('food.csv', encoding = 'cp949')
3   data = csv.reader(f)
4   next(data)
5
6   pz = []
7   ck = []
8   date = []
9
10  for row in data:
11      row[1:] = map(int, row[1:])
12      date.append(row[0])
13      pz.append(row[1])
14      ck.append(row[2])
15
16  import matplotlib.pyplot as plt
17  plt.figure(figsize=(10,5))
18  plt.rc('font', family='Malgun Gothic')
19  plt.plot(date, pz, 'red', label = '피자')
20  plt.plot(date, ck, 'blue', label = '치킨')
21  plt.xticks(rotation=90)
22  plt.title('피자와 치킨의 검색지수')
23  plt.legend()
24  plt.show()
```

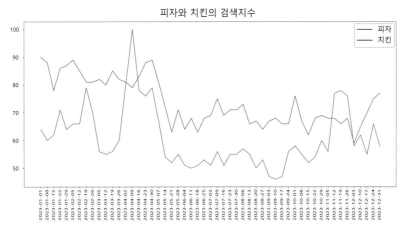

[그림 8-14] 완성 코드 및 출력 결과

● **그래프로 무엇을 알 수 있나요?**

'치킨과 피자 검색 지수 데이터'를 시각화해보았어요. 시각화한 그래프를 분석하여 아래 표에 답을 채워보세요.

평균적으로 검색지수가 높은 음식	
사람들은 (피자 / 치킨)에 관심이 더 많다	

사람들은 치킨과 피자 중 (   )을/를 더 많이 검색해.

따라서 (   )에 관한 관심이 더 높다는 것을 알 수 있지.

그럼 국민음식인 (   )을/를 야식으로 먹자고!

7 비판적 시각으로 데이터 바라보기

마지막으로 문제를 하나 내보지.
아래 그래프를 보고 표의 물음에 답해봐.

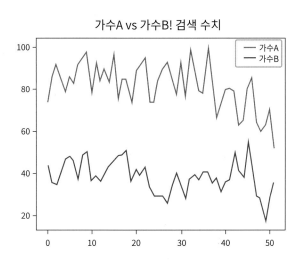

가수A vs 가수B! 검색 수치

[그림 8-14] 가수 A vs 가수 B 검색 수치

사람들은 가수A를 가수B보다 더 많이 검색한다.	O / X / 알 수 없다
사람들은 가수A를 가수B보다 더 좋아한다.	O / X / 알 수 없다

첫 번째 문제의 정답은 'O' 야.
두 번째 문제의 정답은! '알 수 없다' 야.
검색 지수는 사람들이 검색한 횟수를 수치로 나타내는 거야. 따라서 사람들이 가수A를
좋아해서 검색한 것인지, 논란이 생겨 검색한 것인지, 검색을 한 이유나 선호도는 알 수
없어. 따라서 가람들이 가수A를 가수B보다 더 좋아한다고 말할 수 없어.

9장

부모님, 제 용돈을 올려야 합니다. 그 이유는요!

학교가 끝나고, 학교 앞 문방구나 가게에서 사 먹는 간식. 맛도 달콤하고, 나의 하루도 달콤하게 해주는데요. 이런 간식을 사 먹기 위해 우리는 용돈이 필요해요. 간혹 소중한 용돈이 부족하다고 느껴질 때가 있나요? 하지만 부모님께 무턱대고 용돈을 올려달라고 말씀드렸다가는 퇴짜를 맞곤 하죠. 포기할 수 없는 용돈 인상! 어떻게 하면 부모님을 설득하여 나의 용돈을 올릴 수 있을까요?

이번 장에서는 무엇을 배울까요?

● 비어있는 데이터를 다듬을 수 있어요.

● 데이터를 활용하여 친구들이 사용할 수 있는 프로그램을 제작할 수 있어요.

● 시각화한 자료를 분석하여 자신의 주장을 뒷받침하는 글을 쓸 수 있어요.

① 문제 인식하기

 요새 용돈이 부족해… 500원이던 아이스크림이 무려 800원이 됐어.
학교 끝나고 먹는 아이스크림의 재미를 잃어가는 중이야…

그러면 부모님께 용돈을 올려달라고 부탁드려봐!

 우리 부모님은 그렇게 호락호락하지 않으시다고…
어떻게 해야 하지?

소연아, 그러면 너가 사 먹는 간식의 가격이 오르고 있다는
데이터를 보여드려서 부모님을 설득해 보는 것은 어때?

 오오!! 진짜 좋은 생각이야!
빨리 해보자!

● 문제 해결 계획하기

(1) 우리가 해결해야 하는 문제는 무엇인가요?

> 해결할 문제

(2) 문제 해결을 위해 어떤 데이터가 필요할까요?

> 필요한 데이터

'간식의 가격이 오르고 있다는 것'을 어떻게 알 수 있을까요? 여러 해 동안의 가격을 비교하는 데이터가 필요할 것 같아요. 이럴 때 '물가지수 데이터'를 활용할 수 있어요. 생활물가지수는 물건과 서비스의 가격이 얼마나 변하는지를 보여주는 숫자에요. '원(₩)'으로 표시되는 가격과는 다른 개념이에요.

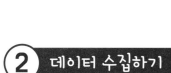

② 데이터 수집하기

1. 책 앞의 홈페이지 접속
2. '자료실' 클릭
3. 'price.csv' 파일 내려받기
4. 내려받은 파일이 '다운로드(Downloads)' 폴더에 있는지 확인하기

데이터 출처) 국가통계포털

	A	B	C	D
1	품목별	2003	2004	2005
2	빵	51.844	52.222	52.65
3	사탕	53.595	57.092	59.307
4	아이스크림	60.665	59.647	61.473
5	스낵과자	47.836	48.78	54.341
6	주스	62.51	65.147	66.288
7	탄산음료	43.144	45.429	48.247
8	떡볶이	-	-	-
9	치킨	60.5	64.296	67.311
10	햄버거	69.43	78.897	78.897
11	피자	71.135	75.713	75.713

[그림 9-1] price.csv

* 생활물가지수에서 기준이 되는 해(연도)의 가격을 100으로 정해요. 'price.csv' 파일에서 기준 연도는 2020년이기 때문에 이때 모든 품목의 생활물가지수는 100이에요. 만약에 어떤 품목의 2021년 생활물가지수가 110이라면, 가격이 10% 오른 것이고, 90이라면 10% 떨어진 것이라고 볼 수 있죠.

* 이 방법으로 내려받은 파일은 데이터 수집하기 과정을 거친 것이에요.

③ 데이터 다듬기

1) 어떤 데이터가 필요할까?

물건의 가격이 얼마나 올랐는지 알아보기 위해 우리가 수집한 데이터는 무엇인가요?

수집한 데이터	

맞아요! 본격적으로 데이터를 분석하기 전에 csv 파일을 살펴보아요. 어? 데이터 중 어떤 품목의 데이터가 비어있는 것 같은데요, 어떤 데이터가 비어있을까요?

비어있는 데이터	

'2003년부터 2009년까지의 떡볶이 물가지수' 자리에 데이터가 비어있는 것을 볼 수 있어요. 이렇게 비어있는 데이터를 '이 빠진 데이터'라고 불러보아요.

	A	B	C	D	E	F	G	H	I
1	품목별	2003	2004	2005	2006	2007	2008	2009	2010
2	빵	51.844	52.222	52.65	52.79	53.325	60.429	64.215	65.23
3	사탕	53.595	57.092	59.307	60.488	61.935	68.884	76.677	76.3
4	아이스크림	60.665	59.647	61.473	62.293	61.073	69.864	77.055	77.469
5	스낵과자	47.836	48.78	54.341	54.731	59.902	70.578	74.87	73.448
6	주스	62.51	65.147	66.288	66.581	71.779	81.082	89.81	93.236
7	탄산음료	43.144	45.429	48.247	49.514	51.246	55.391	60.759	63.388
8	떡볶이	-	-	-	-	-	-	-	70.743
9	치킨	60.5	64.296	67.311	69.105	70.94	76.695	82.427	84.531

[그림 9-2] 이 빠진 데이터

▶ 오류 발견 - 데이터 다듬기를 하지 않는다면?

ValueError: could not convert string to float: '-'

'-'이라는 문자는 숫자로 바꿀 수 없기에 오류가 생겨요! 그러니 프로그램을 만들기 전에 이 빠진 데이터를 수정하는 것은 필수예요!

2) 이 빠진 데이터를 수정해보자!

데이터 파일을 살펴보아요. '이 빠진 데이터'가 '-'로 표현되어 있어요. '-'는 데이터가 없다는 것을 의미하므로 '없다.'를 의미하는 숫자 '0'으로 바꿔보아요.

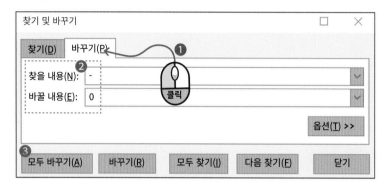

❶ 키보드의 Ctrl 키와 F 키를 동시에 눌러서 '찾기 및 바꾸기' 기능을 사용해요.
❷ '찾을 내용'에 '-'을, '바꿀 내용'에 '0'을 입력해요.
❸ 모두 바꾸기 버튼을 눌러요.

[그림 9-3] 이 빠진 데이터 수정하기

'이 빠진 데이터'를 [그림 9-4]와 같이 수정했다면, 엑셀 화면의 왼쪽 위에 있는 🖫 버튼을 클릭하여 수정된 데이터를 저장해요.

▲	A	B	C	D	E	F	G	H	I
1	품목별	2003	2004	2005	2006	2007	2008	2009	2010
2	빵	51.844	52.222	52.65	52.79	53.325	60.429	64.215	65.23
3	사탕	53.595	57.092	59.307	60.488	61.935	68.884	76.677	76.3
4	아이스크림	60.665	59.647	61.473	62.293	61.073	69.864	77.055	77.469
5	스낵과자	47.836	48.78	54.341	54.731	59.902	70.578	74.87	73.448
6	주스	62.51	65.147	66.288	66.581	71.779	81.082	89.81	93.236
7	탄산음료	43.144	45.429	48.247	49.514	51.246	55.391	60.759	63.388
8	떡볶이	0	0	0	0	0	0	0	70.743
9	치킨	60.5	64.296	67.311	69.105	70.94	76.695	82.427	84.531

[그림 9-4] 이 빠진 데이터 수정 완료

④ 데이터 시각화하기

'20년 동안의 생활물가지수 변화'를 한눈에 보이도록 하려면 어떤 그래프로 시각화하는 것이 적합할까요? 연도별 변화를 한눈에 비교할 수 있는 선 그래프가 효과적이겠어요! 그리고 친구들도 우리의 프로그램을 사용할 수 있도록 평소에 친구들이 자주 사는 간식을 입력받아 보아요.

그럼 '사용자에게 간식을 입력받고, 그 간식의 물가 변화를 보여주는 프로그램'을 만들어볼까요?

1) 데이터 읽기 및 준비하기

데이터 파일을 읽고, 1번 행부터 데이터를 읽을 수 있도록 준비해요.

```
1  import csv
2  f = open('price.csv', encoding = 'cp949')
3  data = csv.reader(f)
4  next(data)
```

[그림 9-5] 데이터 읽기 및 준비하기

2) 사용자에게 간식 입력받기

input( ) 함수를 사용해 사용자에게 간식을 입력받아 변수 food에 저장해요.

```
㉠1  food = input('<품목>'
   2            '₩n빵/사탕/아이스크림/스낵과자/주스/탄산음료/떡볶이/치킨/햄버거/피자'
   3            '₩n어떤 간식의 가격 변화를 보고 싶은가요?')
```

<품목>
빵/사탕/아이스크림/스낵과자/주스/탄산음료/떡볶이/치킨/햄버거/피자
어떤 간식의 가격 변화를 보고 싶은가요? [＿＿＿＿＿＿＿＿＿＿＿＿]

ⓐ 우리가 데이터를 가지고 있는 품목은 빵, 사탕, 아이스크림, 스낵과자, 주스, 탄산음료, 떡볶이, 치킨, 햄버거, 피자 총 10가지에요. 사용자가 이 10가지 간식 중 골라서 입력할 수 있도록 문구를 넣어줘요. 다만, 문장이 너무 길면 읽기 힘드니 안내 문구의 줄을 바꿔 나타내 보아요. 이때, 줄을 바꾸고 싶은 부분에 '\n'나 '₩n'을 입력해요.

[그림 9-6] 입력해야 할 간식을 알려주는 input( ) 함수

3) 간식의 연도별 물가 데이터를 리스트에 넣기

```
ㄱ1   price = []
  2
ㄴ3   for row in data:
ㄷ4       if food == row[0]:
ㄹ5           for i in row[1:]:
ㅁ6               price.append(float(i))
```

[그림 9-7] 간식의 연도별 물가 데이터를 리스트에 넣기

ㄱ 입력받은 간식(food)의 연도별 물가 데이터를 넣을 빈 리스트 price를 만들어요.

ㄴ 'for 반복문'으로 파일에 저장된 데이터를 1번 행부터 마지막 행까지 읽어요.

ㄷ 만약 어떤 행의 row[0](품목)이 food(입력받은 간식)와 같다면,

ㄹ 그 행의 row[1]부터 row[2], ... 마지막 열까지의 데이터를

ㅁ 실수로 바꾸어서 price 리스트에 넣어요.

  * 우리 눈에는 물가 데이터가 숫자로 보이지만, 컴퓨터는 '문자열'로 인식하기 때문에 float() 함수를 이용해 실수로 바꿔줘요.

	row[0]	row[1]	row[2]	마지막 열
	A	B	C	V
0번 행 → 1	품목별	2003	2004	2023
1번 행 → 2	빵	51.844	52.222	129.2
2번 행 → 3	사탕	53.595	57.092	112.45
3번 행 → 4	아이스크림	60.665	59.647	117.13

[그림 9-8] csv 파일 구조

4) 연도 데이터 리스트 만들기

선 그래프는 y축 데이터만 있어도 그래프를 그릴 수 있지만, 정확한 그래프를 나타내기 위해 x축 데이터인 연도 데이터를 만들어 리스트에 넣어보아요.

```
ㄱ 1  years = []
ㄴ 2  for i in range(2003, 2024):
ㄷ 3      years.append(str(i))
```

ㄱ 연도 데이터를 넣을 빈 리스트 years를 만들어요.

ㄴ i가 2003부터 2023까지의 정수가 될 때까지 ㄷ을 반복해요.

ㄷ i를 문자열로 바꾼 후 years 리스트에 넣어요.

[그림 9-9] 연도 데이터 리스트 만들기

구구박사의 데이터 과학 지식 더하기

숫자 데이터 리스트 만드는 고수의 팁

 ㄱ, ㄴ, ㄷ을 합쳐서 다음과 같이 입력해 볼 수도 있어요.

```
1  years = [i for i in range(2003, 2024)]
```

5) 선 그래프 그리기

연도별 물가지수를 선 그래프로 그려보아요.

```python
import matplotlib.pyplot as plt
plt.rc('font', family='Malgun Gothic')
plt.figure(figsize=(10,4))
plt.plot(years, price, label = food)
plt.xlabel('연도')
plt.ylabel('물가지수')
plt.title(food + '의 물가 변화')
plt.legend()
plt.show()
```

㉠ x축의 이름을 '연도', y축의 이름을 '물가지수'로 정해줘요.

㉡ 그래프 이름이 변수 food와 '의 물가 변화'를 합친 문구가 되도록 해요.

[그림 9-10] 선 그래프 그리기

6) 완성 코드

```
import csv
f = open('price.csv', encoding = 'cp949')
data = csv.reader(f)
next(data)

food = input('<품목>'
             '₩n빵/사탕/아이스크림/스낵과자/주스/탄산음료/떡볶이/치킨/햄버거/피자'
             '₩n어떤 간식의 가격 변화를 보고 싶은가요?')

price = []
for row in data:
    if food  == row[0]:
        for i in row[1:]:
            price.append(float(i))

years = []
for i in range(2003, 2024):
    years.append(str(i))

import matplotlib.pyplot as plt
plt.rc('font', family='Malgun Gothic')
plt.figure(figsize=(10,4))
plt.plot(years, price, label = food)
plt.xlabel('연도')
plt.ylabel('물가지수')
plt.title(food + '의 물가 변화')
plt.legend()
plt.show()
```

<품목>
빵/사탕/아이스크림/스낵과자/주스/탄산음료/떡볶이/치킨/햄버거/피자
어떤 간식의 가격 변화를 보고 싶은가요?주스

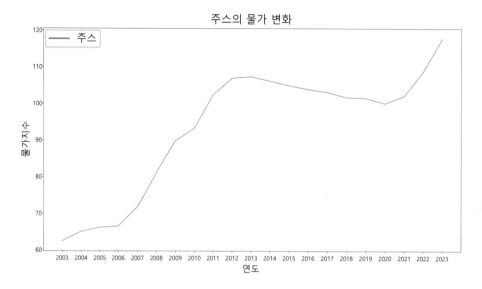

[그림 9-11] 물가지수 변화 그래프 그리기 완성

⑤ 데이터 분석하기

'입력받은 간식의 연도별 물가지수' 데이터를 시각화해보았어요. 시각화한 그래프를 분석하여 아래 표에 답을 채워보세요.

입력한 간식	
간식의 물가지수 변화	2003년에 약 ( )이었던 물가지수가 2023년에는 약 ( )이다
간식의 가격 변화	가격이 점점 (오르고 있다. / 떨어지고 있다.)

6 문제 해결하기

부모님께 드리는 편지

부모님, 그간 안녕하셨는지요.

부모님께서 저에게 주시는 소중한 용돈 최대한 낭비하지 않고 사용하려고

늘 노력하는 딸/아들 _____ 입니다.

저는 주로 용돈을 _____ 에 쓰곤 합니다.

이것은 저의 하루를 행복하게 만들어주기 때문에 정말 소중한 것이라고 할 수 있죠.

하지만 요즘 _____ 의 가격이 너무 올라 용돈이 살짝 부족합니다.

위 그래프는 제가 _____ 의 물가지수 데이터로 만든 그래프입니다.

_____ 의 가격이 (조금씩 / 크게) (오르고 / 떨어지고) 있습니다.

따라서 저의 용돈을 올려주시면 감사하겠다는 말씀 전해드리며

편지를 마치겠습니다.

– 사랑하는 딸 / 아들 _____ 올림

10장

언제 롱패딩을 파는 것이 좋을까?

PYTHON

여러분들은 추운 겨울에 어떤 옷을 입나요? 자켓? 코트?

다리까지 시린 정말 추운 날에는 롱패딩을 찾게 되는데요. 그러면 사람들은 언제 겨울 철 필수품인 롱패딩을 많이 살까요?

 이번 장에서는 무엇을 배울까요?

- 공공데이터 플랫폼에서 필요한 데이터를 직접 수집할 수 있어요.
- 선 그래프를 살펴보며 데이터들의 관계를 분석할 수 있어요.
- 파이썬을 이용하여 특정 데이터의 최댓값을 찾을 수 있어요.

① 문제 인식하기

 다혜야, 나 작년보다 키가 10cm나 컸어.

 오! 소연아 축하해!

 고마워! 그런데 작년까지 입었던 롱패딩이 이젠 작아져서 입을 수가 없어.
몇 번 입지 못해서 거의 새 것인데…

 거의 새 것이라면, 중고 시장에 팔아보는 건 어떨까? 필요한 사람은 싸게 구할 수 있고,
너도 번 돈을 용돈에 보탤 수 있고, 롱패딩은 버리지 않고! 일석삼조인걸?

 오오!! 진짜 좋은 생각이야!
그러면 언제 파는 것이 좋을까? 찾는 사람이 많아야 할텐데…

 롱패딩은 추울 때 입는 것이니 날이 추워야 많이 찾지 않을까?

 맞네! 그러면 데이터를 통해 언제 롱패딩을 팔면 좋을지 알아보자!

● 문제 해결 계획하기

(1) 우리가 해결해야 하는 문제는 무엇인가요?

> 해결할 문제

(2) 문제 해결을 위해 어떤 데이터가 필요할까요?

> 필요한 데이터

'언제 롱패딩을 팔면 좋을까?'를 알아보기 위해 어떤 데이터가 필요한지 생각해보아요. 첫 번째로 '언제'를 알아보기 위해 어떤 데이터가 필요할까요? 롱패딩은 추울 때 입는 옷이기 때문에 '기온 데이터'가 필요하겠어요.

두 번째로 '롱패딩을 팔까?'를 알아보기 위해 어떤 데이터가 필요할까요? 인터넷에서 물건을 사고 싶을 때, 우리는 무엇을 하나요? 바로 검색을 하죠! 그러면 사람들이 롱패딩을 얼마나 검색했는지를 알아보면 되겠어요. 따라서 '롱패딩 검색 데이터'가 필요해요.

'기온'과 '롱패딩 검색' 데이터를 이용하여 언제 롱패딩을 팔면 좋을지 알아보도록 해요!

② 데이터 수집하기

공공데이터를 제공하는 누리집에서 직접 '기온 데이터'와 '롱패딩 검색 데이터'를 수집해보아요.

1) 기온 데이터

'기온 데이터'는 어디에서 내려받을 수 있을까요? 기상청에서 제공하는 다양한 날씨 데이터들이 있는 '기상자료개방포털'에서 내려받을 수 있어요.

기상자료개방포털 : https://data.kma.go.kr/

[그림 10-1] 기상자료개방포털 > 기후통계 > 기온분석

기온 데이터를 수집하기 위해 [기후통계]에서 [기온분석]을 선택해주세요.

기온분석에서는 1973년부터 전국의 일, 월, 연의 평균기온, 최저기온, 최고기온 자료를 제공하고 있어요. 함께 2023년의 일별 기온 데이터를 수집해요.

▪ 검색조건

① ▪ 자료구분 일 ▪ 자료형태 기본 ② ▪ 기간 20230101 📅 ~ 20231231 📅
③ ▪ 지역/지점 전국 선택

④ > 검색

⑤ CSV Excel
클릭

❶ '자료 구분'을 '일'로 선택해요.

❷ '기간'을 '2023년 1월 1일부터 2023년 12월 31일까지'로 선택해요.

❸ '지역/지점'은 '지역'을 클릭하여 '전국'으로 선택해요.

❹ 조건을 모두 설정했다면, '검색' 버튼을 눌러 데이터를 확인해보세요.

❺ csv 버튼을 눌러 데이터 파일을 내려받으세요.

[그림 10-2] 기온분석에서 일별 기온 데이터 수집하기

내려받은 파일을 열면 [그림 10-3]과 같이 날짜 데이터가 잘려있어요. 이런 경우에 A열의 오른쪽 선(빨간색 부분)을 클릭한 상태로 오른쪽(→)으로 드래그하면 A열의 길이가 늘어나 잘리지 않은 데이터를 볼 수 있어요.

	A	B	C	D	E
1	기온분석				
2	[검색조건]				
3	자료구분 : 일				
4	자료형태 : 기본				
5	지역/지점 : 전국				
6	기간 : 20230101~20231231				
7					
8	날짜	지점	평균기온(°C	최저기온(°C	최고기온(°C
9	2023-01	전국	0.4	-4.6	6.3
10	2023-01	전국	-2.3	-6.2	2.7

[그림 10-3] 내려받은 파일

	A	B	C	D	E
1	기온분석				
2	[검색조건]				
3	자료구분 : 일				
4	자료형태 : 기본				
5	지역/지점 : 전국				
6	기간 : 20230101~20231231				
7					
8	날짜	지점	평균기온(°C)	최저기온(°C)	최고기온(°C)
9	2023-01-01	전국	0.4	-4.6	6.3
10	2023-01-02	전국	-2.3	-6.2	2.7

[그림 10-4] 2023년 기온 데이터

2) 롱패딩 검색 데이터

두 번째 데이터인 롱패딩 검색 데이터는 어디에서 찾을 수 있을까요? 네이버 데이터랩에서는 네이버 검색과 관련된 데이터를 제공하고 있어요. 쇼핑과 관련된 검색 데이터를 알아보기 위해 쇼핑인사이트를 선택해주세요.

네이버 데이터랩 : https://datalab.naver.com/

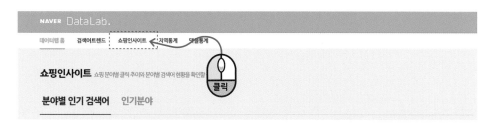

[그림 10-5] 네이버 데이터랩 > 쇼핑인사이트

쇼핑 인사이트에서는 검색어의 일간, 주간, 월간 검색 지수를 기기별, 성별, 연령별로 제공하고 있어요. 우리에게 필요한 1년 동안의 롱패딩 검색 지수를 수집해봐요.

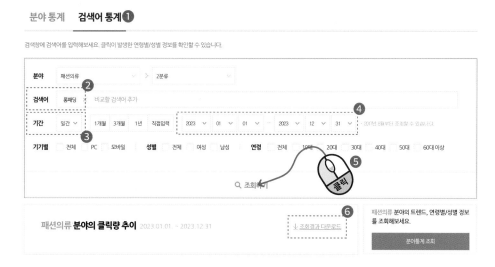

❶ '검색어 통계'를 선택해요.

❷ '검색어'에 '롱패딩'을 입력해요.

❸ '기간'은 '일간'을 선택하세요.

❹ 기온 데이터와 같은 기간인 '2023년 01월 01일부터 2023년 12월 31일까지'로 선택해주세요.

❺ 조회하기 버튼을 눌러 데이터를 확인해보세요.

❻ 조회결과 다운로드 버튼을 눌러서 데이터를 수집해요.

[그림 10-6] 롱패딩 검색 데이터 수집하기

내려받은 파일을 열면 [그림 10-7]과 같이 A열의 데이터가 ###으로 나타나 있어요. ###은 열의 너비가 좁아 데이터가 표시될 수 없을 때 나타나요. 이전과 같이 A열의 너비를 늘려주기 위해 A열의 오른쪽 선(빨간색 부분)을 클릭한 상태로 오른쪽(→)으로 드래그해주세요.

	A	B	C	D	E
1	네이버 데이터랩 쇼핑인사이트 > 검색어 통계				
2	조회분야				
3	패션의류				
4	조회기간 : 2023.01.01. ~ 2023.12...				
5	기기별 : 전체				
6	성별 : 전체				
7	연령별 : 전체				
8					
9	날짜	롱패딩			
10	########	41			
11	########	40			
12	########	44			
13	########	34			
14	########	29			

[그림 10-7] 롱패딩 검색 데이터 수집하기

	A	B	C	D
1	네이버 데이터랩 쇼핑인사이트 > 검색어 통계			
2	조회분야			
3	패션의류			
4	조회기간 : 2023.01.01. ~ 2023.12.31. 일간			
5	기기별 : 전체			
6	성별 : 전체			
7	연령별 : 전체			
8				
9	날짜	롱패딩		
10	2023-01-01	41		
11	2023-01-02	40		
12	2023-01-03	44		
13	2023-01-04	34		
14	2023-01-05	29		

[그림 10-8] 2023년 롱패딩 검색 지수

1. 책 앞의 홈페이지 접속
2. '자료실' 클릭
3. 'padding.csv' 파일 내려받기
4. 내려받은 파일이 '다운로드(Downloads)' 폴더에 있는지 확인하기

데이터 출처)
1) 네이버 데이터랩
2) 기상자료 개방 포털

	A	B	C
1	날짜	롱패딩	최저기온(℃)
2	2023-01-01	41	-4.6
3	2023-01-02	40	-6.2
4	2023-01-03	44	-8.3
5	2023-01-04	34	-7.4
6	2023-01-05	29	-6.4
7	2023-01-06	23	-5
8	2023-01-07	25	-2.3
9	2023-01-08	25	-5
10	2023-01-09	15	-2.3
11	2023-01-10	15	-4.9

[그림 10-9] padding.csv

* 이 방법으로 내려받은 파일은 데이터 수집하기 및 데이터 다듬기 과정을 거친 것이에요.

③ 데이터 다듬기

1) 어떤 데이터가 필요할까?

우리가 내려받은 두 개의 csv 파일을 살펴보면서 수집한 데이터를 적어보아요.

수집한 데이터	

우리가 수집한 데이터는 '기온 데이터'와 '롱패딩 검색 지수 데이터'에요. '기온 데이터' 에는 총 세 가지 종류의 데이터가 있어요. 세 종류의 '기온 데이터' 중에서 우리와 가장 관련이 높은 데이터는 무엇일까요? 사람들은 기온이 많이 떨어질 때 롱패딩을 입으므로 '최저기온' 데이터가 가장 관련이 높을 것 같네요. 데이터를 살펴보며 우리에게 필요한 데이터와 필요하지 않은 데이터를 구분해보세요.

필요한 데이터	필요하지 않은 데이터

2) 필요하지 않은 데이터 삭제하기

필요하지 않은 데이터를 삭제해볼까요? 두 개의 csv 파일을 다루기 때문에 차근차근 데이터를 다듬어보아요.

(1) 기온 데이터 파일

먼저 기온 데이터 파일부터 다듬어보아요. 우리에게 필요하지 않은 데이터 정보가 담겨있는 1행부터 7행까지를 한 번에 삭제할 거예요. 1행부터 7행까지를 마우스의 '왼쪽 버튼'을 누른 채 드래그하거나 1행을 선택한 상태로 키보드의 Shift↑ 키를 누르고 7행을 선택하면, 1행부터 7행을 한 번에 선택할 수 있어요. 마우스의 '오른쪽 버튼'을 클릭한 후, '삭제' 버튼을 눌러주세요.

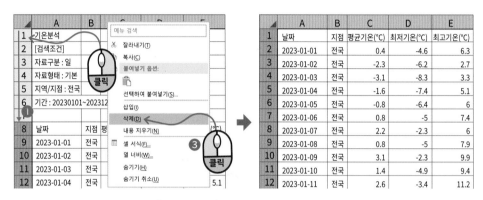

[그림 10-10] 1행부터 7행까지 삭제

(2) 롱패딩 데이터 파일

이번에는 롱패딩 데이터 파일로 이동해요. 위와 같은 방법으로 우리에게 필요하지 않은 데이터 정보가 담겨있는 1행부터 8행까지를 한 번에 삭제해요.

[그림 10-11] 1행부터 8행까지 삭제

(3) 필요한 데이터 합치기

A열인 '날짜'를 기준으로 두 파일에 있는 데이터를 한 파일에 합쳐서 나타내 보아요. 파일을 합치기 전에 확인해야 할 것이 있어요.

첫 번째는 '기준이 되는 열의 길이가 같은가?'에요. 두 파일 모두 A열에 366행까지 데이터가 있네요.

두 번째는 '기준이 되는 열의 데이터 값이 같은가?'에요. 두 파일 모두 A열에 2023-01-01부터 2023-12-31까지의 날짜 데이터가 같은 형식으로 있어요. A열을 기준으로 두 파일을 합칠 수 있겠네요!

	A	B	C	D
1	날짜	롱패딩		
2	2023-01-01	41		
3	2023-01-02	40		
4	2023-01-03	44		
5	2023-01-04	34		
6	2023-01-05	29		
7	2023-01-06	23		
8	2023-01-07	25		
9	2023-01-08	25		
364	2023-12-29	13		
365	2023-12-30	16		
366	2023-12-31	14		
367				
368				

[그림 10-12] 롱패딩 데이터 파일

	A	B	C	D	E
1	날짜	지점	평균기온(°C)	최저기온(°C)	최고기온(°C)
2	2023-01-01	전국	0.4	-4.6	6.3
3	2023-01-02	전국	-2.3	-6.2	2.7
4	2023-01-03	전국	-3.1	-8.3	3.3
5	2023-01-04	전국	-1.6	-7.4	5.1
6	2023-01-05	전국	-0.8	-6.4	6
7	2023-01-06	전국	0.8	-5	7.4
8	2023-01-07	전국	2.2	-2.3	6
9	2023-01-08	전국			
364	2023-12-29	전국	1.4	-3.2	7.6
365	2023-12-30	전국	2.1	-2.8	6.4
366	2023-12-31	전국	4.1	1.7	7.1
367					
368					

[그림 10-13] 기온 데이터 파일

우리에게는 '롱패딩 검색지수'와 '최저기온' 데이터만 필요해요. 따라서 '기온 데이터' 파일의 '최저기온' 열을 '롱패딩 데이터' 파일로 이동시켜볼게요. 여러 가지 방법이 있지만 간단하게 복사, 붙여넣기를 이용해요.

'기온 데이터' 파일의 D열(최저기온)을 마우스 오른쪽 버튼으로 클릭한 후, '복사'를 선택해요. '롱패딩 데이터' 파일의 C열을 마우스 오른쪽 버튼으로 클릭한 후, '붙여넣기'를 선택해요.

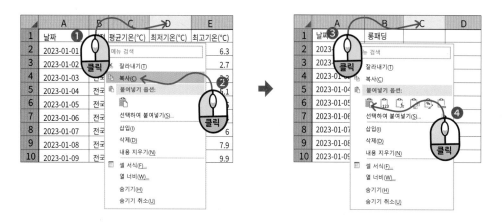

[그림 10-14] '기온데이터' 파일의 D열 복사하기   [그림 10-15] '기온데이터' 파일의 D열 붙여넣기

	A	B	C
1	날짜	롱패딩	최저기온(℃)
2	2023-01-01	41	-4.6
3	2023-01-02	40	-6.2
4	2023-01-03	44	-8.3
5	2023-01-04	34	-7.4
6	2023-01-05	29	-6.4
7	2023-01-06	23	-5
8	2023-01-07	25	-2.3
9	2023-01-08	25	-5
10	2023-01-09	15	-2.3
11	2023-01-10	15	-4.9

[그림 10-16] 데이터 합치기 완료

(4) 합친 데이터를 새로운 파일로 저장하기

합친 데이터를 새로운 파일로 저장해요. '파일' 메뉴를 선택해요.

[그림 10-17] 파일 메뉴 선택하기

'다른 이름으로 저장'을 누른 후, 저장 위치를 '다운로드'로 선택하고, 파일 이름
에 'padding'을 입력해요. 파일 형식을 'CSV (쉼표로 분리) (*.csv)'로 선택하세
요. 마지막으로 저장 버튼을 누르면, 우리에게 필요한 데이터만 남아있는 새로운
'padding.csv' 파일이 저장돼요.

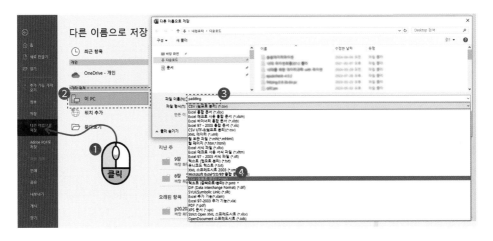

[그림 10-18] 다른 이름으로 저장하기

언제 롱패딩을 팔면 좋을지 알아보기 위해 '롱패딩 검색 지수와 최저기온' 데이터를 수집했어요. 데이터가 한눈에 보이도록 그래프로 나타내 보아요. 1년 동안의 검색 지수와 최저기온의 변화는 어떤 그래프로 시각화하는 것이 적합할까요?

수치의 변화를 확인하기 위해 선 그래프를 사용하는 것이 좋겠어요! 지금부터 파이썬을 이용하여 '롱패딩 검색 지수와 최저기온' 데이터를 선 그래프로 나타내 보아요.

1) 데이터 읽기 및 준비하기

데이터 파일을 읽고, 1번 행부터 데이터를 읽을 수 있도록 준비해요.

```
1  import csv
2  f= open('padding.csv', encoding = 'cp949')
3  data = csv.reader(f)
4  next(data)
```

[그림 10-19] 데이터 읽기 및 준비하기

2) 롱패딩 검색 지수와 최저기온 데이터를 각각 리스트에 넣기

```
㉠1  pad = []
 2   temp = []
 3   date= []
 4
㉡5  for row in data:
㉢6      pad.append(★(row♥))
㉣7      temp.append(◆(row♣))
㉤8      date.append(row[0])
```

[그림 10-20] 데이터 리스트에 넣기

	A	B	C
1	날짜	롱패딩	최저기온(℃)
2	2023-01-01	41	-4.6
3	2023-01-02	40	-6.2
4	2023-01-03	44	-8.3
5	2023-01-04	34	-7.4
6	2023-01-05	29	-6.4
7	2023-01-06	23	-5
8	2023-01-07	25	-2.3
9	2023-01-08	25	-5
10	2023-01-09	15	-2.3

[그림 10-21] csv 파일 구조

ⓐ 검색 지수 데이터를 저장할 빈 리스트 pad와 최저기온 데이터를 저장할 빈 리스트 temp을
만들어요. 그리고 날짜 데이터를 저장할 빈 리스트 date도 만들어요.

ⓑ 'for 반복문'을 이용하여 데이터를 1번 행부터 마지막 행까지 차례대로 읽어요.

편안하게 잘 보고 있었나?

그렇다면 퀴즈를 내볼게. 지금까지 열심히 따라왔다면 해결할 수 있을걸?

[그림 10-21]의 'csv 파일'을 참고해서 [그림 10-20]의 ⓒⓓ에 들어갈 코드를 생각해봐!

♥ :   (힌트 : 숫자)

★ : str / float / int

♣ :   (힌트 : 숫자)

◆ : str / float / int

정답은 아래와 같다네.

```
1  for row in data:
2      pad.append(int(row[1]))
3      temp.append(float(row[2]))
```

♥ : 1   – 롱패딩 데이터는 B열, 즉 row[1]에 있어.

★ : int   – 롱패딩 데이터는 정수이기 때문에 int(정수)로 바꿔줘야 해.

♣ : 2   – 최저기온 데이터는 C열, 즉 row[2]에 있어.

◆ : float – 최저기온 데이터는 소수점 아래에 숫자가 있는 실수이기 때문에
                     float로 바꿔 줘야 해.

ⓔ 행의 row[0](날짜)을 date 리스트에 넣어요. 날짜는 문자열 데이터 그대로 리스트에 넣어요.

3) 선 그래프 그리기

패딩 검색 지수와 최저기온의 관계를 그래프로 그려볼게요.

```
 1  import matplotlib.pyplot as plt
 2  plt.figure(figsize=(15,5))
 3  plt.rc('font', family='Malgun Gothic')
㉠4  plt.rcParams['axes.unicode_minus'] = False
㉡5  plt.plot(date, pad, label='롱패딩 검색지수')
㉢6  plt.plot(date, temp, label='최저기온')
㉣7  plt.xticks(date[::10], rotation = 45)
㉤8  plt.yticks(range(-20, 101, 10))
㉥9  plt.grid()
10  plt.legend()
11  plt.show()
```

㉠ 그래프에서 마이너스 부호(-)가 깨지지 않도록 해요.

㉡ x축이 date, y축이 pad인 그래프를 그리고, 선의 이름을 '롱패딩 검색지수'로 정해줘요.

㉢ x축이 date, y축이 temp인 그래프를 그리고, 선의 이름을 '최저기온'으로 정해줘요.

㉣ x축 눈금의 개수와 각도를 정해요. x축 데이터인 date의 데이터 개수는 총 365개이에요.
우리가 그릴 그래프의 x축 눈금에 365개의 날짜를 모두 담을 수 없어요. 따라서 x축 눈금에
표시할 데이터의 개수를 줄여볼게요. date의 데이터를 10개의 간격으로 선택해요.
그러면 총 37개의 날짜만 x축 눈금에 표시되겠죠?
'2023-01-01'과 같이 날짜 문자열의 길이가 기네요. 따라서 rotation 속성을 추가하여
문자열을 45도 회전해줘요.

㉤ 데이터값을 쉽게 읽기 위해 y축 눈금의 범위와 간격을 설정해요. 데이터를 살펴보며
최저기온과 검색 지수의 숫자 범위를 생각해요. 가장 낮은 값을 -20, 가장 큰 값을 100으로
설정하면 되겠어요. 그리고 간격은 10으로 설정해줘요. 그러면 숫자를 생성해볼까요?
→ range(-20,101,10) : -20부터 100까지, 10의 간격으로 숫자를 만들어요.

㉥ 데이터를 더 쉽게 이해하고 비교할 수 있도록 그래프에 격자무늬를 추가해요.

[그림 10-22] 선 그래프 그리기

 구구박사의 데이터 과학 지식 더하기 ....

date[::10]

 A[a:b:c] : 리스트 A의 a번째부터 (b-1)번째까지의 데이터 중 c개씩 건너뛰며 데이터를
선택해요.

A[::c] : 리스트 A의 처음부터 끝까지의 데이터 중 c개씩 건너뛰며 데이터를 선택해요.

→ date[::10] : 리스트 date의 처음부터 끝까지 10개씩 건너뛰며 데이터를 선택해요.

4) 완성 코드

```python
1  import csv
2  f= open('padding.csv', encoding = 'cp949')
3  data = csv.reader(f)
4  next(data)
5
6  pad = []
7  temp = []
8  date= []
9  for row in data:
10     pad.append(int(row[1]))
11     temp.append(float(row[2]))
12     date.append(row[0])
13
14 import matplotlib.pyplot as plt
15 plt.figure(figsize=(15,5))
16 plt.rc('font', family='Malgun Gothic')
17 plt.rcParams['axes.unicode_minus'] = False
18 plt.plot(date, pad, label='롱패딩 검색지수')
19 plt.plot(date, temp, label='최저기온')
20 plt.xticks(date[::10], rotation = 45)
21 plt.yticks(range(-20, 101, 10))
22 plt.grid()
23 plt.legend()
24 plt.show()
```

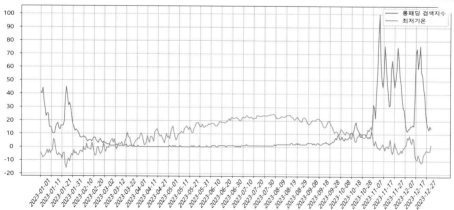

[그림 10-23] 선 그래프 그리기 완성 코드

⑤ 데이터 분석하기

'롱패딩 검색 지수와 최저기온' 데이터를 시각화해보았어요. 시각화한 그래프를 분석하여 아래 표에 답을 채워보세요.

롱패딩 검색 지수와 최저기온과의 관계	롱패딩 검색 지수와 최저기온은 관계가 (있다. / 없다.)
	최저기온이 낮을수록 롱패딩 검색 지수가 (낮아지는 편이다. / 높아지는 편이다.)
	사람들은 최저기온이 _____℃ (이하/이상)일 때, 롱패딩을 많이 찾는다.
	사람들은 ( )월에 롱패딩을 가장 많이 찾는다.

사람들은 0도 이하일 때, 롱패딩을 많이 찾아요. 11월 27일부터 12월 7일 구간을 살펴보세요. 이때 최저기온이 0도 이상으로 올라가니 신기하게도 검색 지수가 20 밑으로 뚝 떨어지네요! 그리고 일 년 중 11월의 검색 지수가 가장 높아요. 어? 1월의 최저기온이 11월의 최저기온보다 더 낮은데, 왜 사람들은 1월보다 11월에 롱패딩을 더 많이 찾을까요? 그 이유를 추측해서 빈칸에 적어보세요.

롱패딩을 언제 팔고 싶은가요? 팔고 싶은 시점을 선택하여 그래프 위에 색칠해보세요.

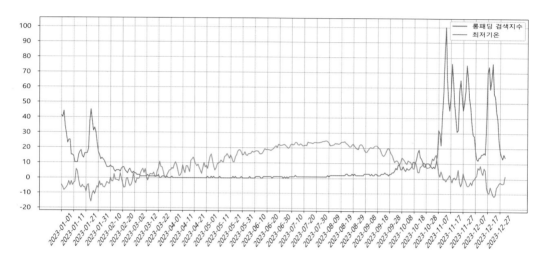

[그림 10-24] 팔고 싶은 시점 선택하기

 구구박사의 데이터과학 생각 더하기 ·

최저기온이 몇 도일 때, 롱패딩을 파는 것이 좋을까?

 다혜야! 나 정했어!
11월쯤 롱패딩을 팔거야!

그럼 11월 중 언제 파는 것이 좋을까?

 앗! 그건 모르겠어…
어떻게 하면 좋을까?

롱패딩 검색지수가 가장 높은 날의 최저기온을 확인해 보는 것은 어떨까?
그 날의 최저기온과 같은 기온인 날에 팔면 되겠는데?

 좋은 생각인데!
당장 알아보러 가자!

사람들은 최저기온이 몇 도일 때, 롱패딩을 가장 많이 찾을까요? 파이썬을 이용하여 '롱패딩 검색지수가 가장 높은 날의 최저기온'을 찾아보아요.

1) 셀 추가하기

[그림 10-25] 셀 추가하기

'+' 버튼을 눌러서 셀을 추가해요. 지금부터 [그림 10-25]와 같이 추가된 새로운 셀에 코드를 입력해요.

2) 데이터 읽기 및 준비하기

앞에서 그래프를 그릴 때, 이미 코드를 입력했기 때문에 생략해도 돼요. 만약 앞 그래프를 그리지 않았다면 아래의 코드를 따로 입력해 파일을 읽어줘야 해요.

```
1  import csv
2  f= open('padding.csv', encoding = 'cp949')
3  data = csv.reader(f)
4  next(data)
```

[그림 10-26] 데이터 읽기 및 준비하기

3) 변수 정하기

```
㉠6  pad_max = 0
㉡7  temp = 0
㉢8  date = ''
```

㉠ 가장 높은 롱패딩 검색 지수, 즉 검색 지수의 최댓값을 저장할 변수를 만들어요.
　 이때 변수를 충분히 작은 임의의 값으로 설정해줘야 해요.
　 검색 지수는 0에서 100 사이의 숫자이기 때문에 가장 작은 숫자인 0으로 정해요.
㉡ 검색 지수가 가장 높을 때의 최저기온을 저장할 변수를 만들어요.
　 나중에 검색 지수가 가장 높을 때의 최저기온으로 바뀔 것이기 때문에 아무 숫자나 넣어주세요.
㉢ 검색 지수가 가장 높을 때의 날짜를 저장할 변수를 만들어요.
　 이 변수 역시 나중에 검색 지수가 가장 높을 때의 날짜로 바뀔 것이기 때문에 빈 문자를 넣어주세요. 날짜는 문자이기 때문에 ''(따옴표)로 감싸주는 것, 잊지 마세요!

[그림 10-27] 변수 정하기

4) 롱패딩 검색 지수의 최댓값 찾기

```
㉠ 10  for row in data:
㉡ 11      row[1:] = map(float, row[1:])
㉢ 12      if (row[1] > pad_max):
㉣ 13          pad_max = row[1]
㉤ 14          temp = row[2]
㉥ 15          date = row[0]
```

[그림 10-28] 롱패딩 검색 지수의 최댓값 찾기

	A	B	C
1	날짜	롱패딩	최저기온(℃)
2	2023-01-01	41	-4.6
3	2023-01-02	40	-6.2
4	2023-01-03	44	-8.3
5	2023-01-04	34	-7.4
6	2023-01-05	29	-6.4
7	2023-01-06	23	-5

row[1]   row[2]

0번 행 → 1
1번 행 → 2
2번 행 → 3
3번 행 → 4
4번 행 → 5
5번 행 → 6

[그림 10-29] CSV 파일 구조

㉠ 'for 반복문'을 이용하여 데이터를 1번 행부터 마지막 행까지 차례대로 읽어요.

㉡ row[1]부터 row[2]까지의 데이터를 한 번에 실수로 바꿔줘요.

㉢ 만약 어떤 행의 row[1](롱패딩)이 기존의 pad_max보다 크다면,

㉣ pad_max를 그 행의 롱패딩 검색 지수로 바꾸고,

㉤ temp를 그 행의 최저기온으로 바꾸고,

㉥ date를 그 행의 날짜로 바꿔요.

최댓값을 찾는 과정(㉢~㉥)의 예시를 들어볼게요. 처음 pad_max 값은 0이에요. for 반복문을 시작해요.

1번 행을 읽어요. 1번 행의 row[1]은 41이에요. row[1]이 0인 pad_max보다 크기 때문에 pad_max를 41로, temp를 row[2]인 −4.6으로, date를 row[0]인 '2023-01-01'로 바꿔요.

2번 행을 읽어요. 2번 행의 row[1]는 40이에요. row[1]이 41인 pad_max보다 크지 않기 때문에 아무것도 바꾸지 않고 3번 행으로 넘어가요.

이러한 과정을 마지막 행까지 반복해줘요. 결국 마지막의 pad_max, temp, date는 row[1]이 가장 큰 행의 row[1], row[2], row[0]의 값이 돼요.

5) 롱패딩 검색 지수가 최댓값일 때의 날짜와 최저기온 출력하기

```
17  print('사람들이 롱패딩을 가장 많이 찾는 날은', date, '이고')
18  print('그 때의 최저기온은', temp, '입니다.')
```

사람들이 롱패딩을 가장 많이 찾는 날은 2023-11-13 이고
그 때의 최저기온은 -1.6 입니다.

[그림 10-30] 날짜와 최저기온 출력하기

6) 완성 코드

```
1   import csv
2   f= open('padding.csv', encoding = 'cp949')
3   data = csv.reader(f)
4   next(data)
5
6   pad_max = 0
7   temp = 0
8   date = ''
9
10  for row in data:
11      row[1:] = map(float, row[1:])
12      if (row[1] > pad_max):
13          pad_max = row[1]
14          temp = row[2]
15          date = row[0]
16
17  print('사람들이 롱패딩을 가장 많이 찾는 날은', date, '이고')
18  print('그 때의 최저기온은', temp, '입니다.')
```

[그림 10-31] 롱패딩을 많이 찾는 날짜와 최저기온 완성 코드

7) 문제 해결하기

난 11월 중 최저기온이 (   )도인 날에 롱패딩을 팔거야!

2023년 이외에도 비슷한 결과가 나올까요?
2022년, 2021년 등 다른 연도의 데이터를 그래프로 표현하고, 롱패딩 검색지수가 가장 높은 날의
최저기온을 찾아보세요.

11장 우리 집에서 가장 가까운 학교는 어디일까?

PYTHON

만약 학교를 선택할 수 있다면, 어떤 점을 중요하게 생각하나요? 가까운 학교, 급식 잘 나오는 학교, 시설 좋은 학교 등 여러 선택지가 있을 거예요. 하지만 급식이 잘 나와도, 시설이 좋아도, 등하교 거리가 멀다면 선택하기 어려울 것 같아요.

그렇다면 여러분의 집에서 가장 가까운 학교는 어디일까요? 데이터를 통해 알아보아요.

이번 장에서는 무엇을 배울까요?

- 경도와 위도의 의미를 알고, 원하는 장소의 좌표를 구할 수 있어요.

- matplotlib을 이용하여 산점도를 그리고 해석할 수 있어요.

- 특정 위치를 입력하면 가장 가까운 학교의 이름과 위치를 출력하는 프로그램을 만들 수 있어요.

1 문제 인식하기

다혜야, 졸업 축하해!

응, 고마워! 그런데 지금 배정원서 쓰는 것 때문에 고민이야.
어떤 학교에 가는 것이 좋을까?

뭐니뭐니 해도 가까운 학교가 좋지 않을까?
등교할 때, 집에서 먼 학교에 배정되면 3년 동안 힘들잖아.

맞아. 학교를 집에서 먼 곳으로 다니다 보니 힘들었거든.

그러면 데이터를 이용해서
너희 집에서 가장 가까운 학교를 찾아보는 건 어떨까?

● **문제 해결 계획하기**

(1) 우리가 해결해야 하는 문제는 무엇인가요?

> 해결할 문제

(2) 문제 해결을 위해 어떤 데이터가 필요할까요?

> 필요한 데이터

'우리 집에서 가장 가까운 학교가 어디인지' 알아보기 위해 '전국 모든 학교의 위치 데이터'가 있으면 좋겠어요.

'공공데이터포털'에서 '전국 초중등학교 위치'를 검색해보세요.

공공데이터포털 : https://www.data.go.kr/

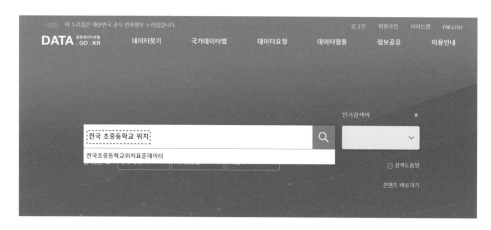

[그림 11-1] 공공데이터포털 메인 화면 > '전국 초중등학교 위치' 검색

전국 초중등학교 위치와 관련된 여러 데이터 중 '전국초중등학교위치표준데이터'를 선택해요.

[그림 11-2] 전국초중등학교위치표준데이터

이 데이터는 청주대학교 지방교육재정연구원에서 제공하는 데이터로 전국 초등학교, 중학교, 고등학교의 위치 정보가 있어요. 다양한 형식 중 'csv' 형식으로 내려받을게요. csv 버튼을 눌러 파일을 내려받으세요.

[그림 11-3] csv 파일로 데이터 내려받기

수집된 데이터를 확인해보아요. 총 11,990개의 행과 20개의 열로 이루어진 엄청난 양의 데이터가 담겨있어요.

	A	B	C	D	E	P	Q	R	S
1	학교ID	학교명	학교급구분	설립일자	설립형태	위도	경도	데이터기준	제공기관코드
2	B0000048	미원초등학교	초등학교	########	공립	37.703889	127.54015	########	C738100
3	B0000050	모곡초등학교	초등학교	########	공립	37.676874	127.60066	########	C738100
4	B0000074	울진남부초등	초등학교	########	공립	36.987340	129.39947	########	C738100
5	B0000228	목포부주초등	초등학교	########	공립	34.808753	126.45697	########	C738100
6	B0000062	용동초등학교	초등학교	########	공립	35.854579	127.00336	########	C738100
7	B0000083	구룡중학교	중학교	########	공립	37.486152	127.05612	########	C738100
8	B0000269	삼례중학교	중학교	########	공립	35.911068	127.07871	########	C738100
9	B0000118	안양외국어고	고등학교	########	사립	37.395716	126.90903	########	C738100

[그림 11-4] 전국초중등학교위치표준데이터 원본 csv 파일의 일부

위도와 경도

엄청나게 넓은 지구에서 위치를 표현하기 위해 우리는 위도와 경도를 사용해요. 다시 말해 위도와 경도는 지구 위의 위치를 나타내는 좌표예요. 위도는 적도를 기준으로 남쪽과 북쪽으로 얼마나 떨어져 있는지를 나타내요. 즉, 좌표의 세로축, y축의 위치를 의미해요. 경도는 영국의 그리니치 천문대를 기준으로 동쪽과 서쪽으로 얼마나 떨어져 있는지를 나타내요. 즉, 좌표의 가로축, x축의 위치를 의미해요.

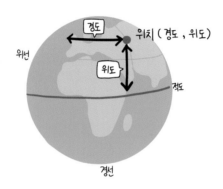

1. 책 앞의 홈페이지 접속

2. '자료실' 클릭

3. 'school.csv' 파일 내려받기

4. 내려받은 파일이 '다운로드(Downloads)' 폴더에 있는지 확인하기

데이터 출처) 공공데이터포털

	A	B	C	D
1	학교명	학교급구분	위도	경도
2	가파초등학교	초등학교	33.169	126.269
3	대정중학교	중학교	33.219	126.253
4	대정초등학교	초등학교	33.225	126.255
5	대정여자고등학	고등학교	33.229	126.253
6	대정고등학교	고등학교	33.231	126.259
7	대정서초등학교	초등학교	33.232	126.239
8	사계초등학교	초등학교	33.233	126.300
9	강정초등학교	초등학교	33.235	126.478
10	법환초등학교	초등학교	33.237	126.508
11	서귀포여자고등	고등학교	33.243	126.530

[그림 11-5] school.csv

* 이 방법으로 내려받은 파일은 데이터 수집하기 및 데이터 다듬기 과정을 거친 것이에요.

③ 데이터 다듬기

1) 어떤 데이터가 필요할까?

우리가 내려받은 csv 파일을 살펴보면서 수집한 데이터를 적어보아요.

수집한 데이터	

우리가 수집한 데이터는 '전국초중등학교 위치 표준 데이터'예요! 이러한 빅데이터를 다룰 때, 필요한 데이터만 추출하는 것은 특히나 중요해요. 우리 집에서 어떤 학교가 가장 가까운지 알기 위해서 어떤 데이터가 필요할까요?

필요한 데이터	필요하지 않은 데이터

여러분들이 어떤 프로그램을 만들고 싶은지에 따라 필요한 데이터가 조금씩 다를 수 있겠지만, 이 책에서는 학교 이름을 알려주는 '학교명' 데이터, 초, 중, 고등학교를 구분할 수 있는 '학교급구분' 데이터, 위치를 알려주는 '위도, 경도' 데이터를 필요한 데이터로 구분할게요.

2) 필요하지 않은 데이터 삭제하기

필요하지 않은 데이터를 삭제해볼까요? 필요한 데이터인 '학교명', '학교급구분', '위도', '경도'를 제외한 나머지 데이터를 한 번에 삭제해보아요. 키보드의 Ctrl 키를 누른 채 삭제하고 싶은 열 이름을 클릭하면, 떨어져 있는 여러 열을 한 번에 선택할 수 있어요.

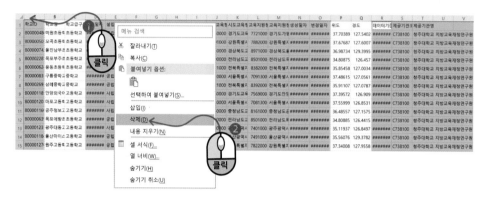

[그림 11-6] 필요하지 않은 데이터 삭제하기

	A	B	C	D
1	학교명	학교급구분	위도	경도
2	가파초등학교	초등학교	33.169	126.269
3	대정중학교	중학교	33.219	126.253
4	대정초등학교	초등학교	33.225	126.255
5	대정여자고등학	고등학교	33.229	126.253
6	대정고등학교	고등학교	33.231	126.259
7	대정서초등학교	초등학교	33.232	126.239
8	사계초등학교	초등학교	33.233	126.300
9	강정초등학교	초등학교	33.235	126.478
10	법환초등학교	초등학교	33.237	126.508
11	서귀포여자고등	고등학교	33.243	126.530

[그림 11-7] 삭제 완료

3) 다듬은 데이터를 새로운 파일로 저장하기

다듬은 데이터를 새로운 파일로 저장해요. '파일' 메뉴를 선택해요. '다른 이름으로 저장'을 누른 후, 저장 위치를 '다운로드' 폴더로 선택하고, 파일 이름에 'school'을 입력해요. 파일 형식을 'CSV (쉼표로 분리) (*.csv)'로 선택하고, 저장 버튼을 눌러요.

④ 데이터 시각화하기

지금까지 집에서 가까운 학교를 찾아보기 위해 '전국초중등학교 위치 데이터'를 수집하고 다듬었어요. 우리 집에서 가까운 학교를 찾아보기 전, 전국 학교의 분포 데이터를 시각적으로 확인해보아요. 어떤 그래프로 시각화하는 것이 적합할까요? 데이터를 점으로 나타내어 데이터들의 분포를 볼 수 있는 '산점도'를 사용하는 것이 좋겠어요!

1) 데이터 읽기 및 준비하기

데이터 파일을 읽고, 1번 행부터 데이터를 읽을 수 있도록 준비해요.

```
1  import csv
2  f = open('school.csv', encoding = 'cp949')
3  data = csv.reader(f)
4  next(data)
```

[그림 11-8] 데이터 읽기 및 준비하기

2) 위도, 경도, 색깔 데이터를 리스트에 넣기

```
ㄱ  6  WD = []
    7  GD = []
    8  colors = []
    9
ㄴ 10  for row in data:
ㄷ 11      row[2:] = map(float, row[2:])
ㄹ 12      WD.append(row[2])
   13      GD.append(row[3])
   14      if row[1] == '초등학교':
   15          colors.append('red')
ㅁ 16      elif row[1] == '중학교':
   17          colors.append('blue')
   18      else:
   19          colors.append('green')
```

[그림 11-9] 데이터 리스트에 넣기

	row[0]	row[1]	row[2]	row[3]
	A	B	C	D
1	학교명	학교급구분	위도	경도
2	가파초등학교	초등학교	33.169	126.269
3	대정중학교	중학교	33.219	126.253
4	대정초등학교	초등학교	33.225	126.255
5	대정여자고등학	고등학교	33.229	126.253
6	대정고등학교	고등학교	33.231	126.259
7	대정서초등학교	초등학교	33.232	126.239
8	사계초등학교	초등학교	33.233	126.300
9	강정초등학교	초등학교	33.235	126.478
10	법환초등학교	초등학교	33.237	126.508
11	서귀포여자고등	고등학교	33.243	126.530

[그림 11-10] csv 파일 구조

ⓐ 위도 데이터를 저장할 빈 리스트 WD, 경도 데이터를 저장할 빈 리스트 GD, 학교급별 색깔을 담을 빈 리스트 colors를 만들어요.

ⓑ 'for 반복문'을 이용하여 1번 행부터 마지막 행까지 차례대로 데이터를 읽어요.

ⓒ 컴퓨터가 위도와 경도를 실수로 이해할 수 있도록 map( ) 함수를 이용해 row[2]부터 마지막 열까지 모든 데이터를 실수(float)로 바꿔줘요.

ⓓ row[2]의 데이터를 리스트 WD에, row[3]의 데이터를 리스트 GD에 넣어요.

ⓔ 만약, row[1](학교급)이 '초등학교'라면, colors에 'red'를 추가해요. 산점도를 그릴 때, 학교급이 '초등학교'에 해당하는 데이터를 빨간색 점으로 나타낼 수 있게 해요. '중학교', '고등학교'에도 각각 파란색, 초록색으로 색깔을 지정해줘요.

3) 산점도 그리기

전국의 초중고등학교 위치를 산점도로 나타내요.

```
21 import matplotlib.pyplot as plt
22 plt.rc('font', family = 'Malgun Gothic')
23 plt.scatter(GD, WD, s=1, color=colors)
24 plt.xlabel('경도')
25 plt.ylabel('위도')
26 plt.title('전국 초중고등학교 위치')
27 plt.show()
```

ⓐ x축은 좌표의 가로축인 경도, y축은 좌표의 세로축인 위도로 지정해요.
따라서 x축이 GD, y축이 WD인 산점도 그래프를 그려줘요. 데이터가 많으므로 's=1'을 입력하여 점의 크기를 작게 해줘요. 그리고 학교급별 색을 다르게 표현하기 위해 'color'를 우리가 만든 색 리스트인 'colors'로 설정해요.

[그림 11-11] 산점도 그리기

4) 완성 코드

```
1  import csv
2  f = open('school.csv', encoding = 'cp949')
3  data = csv.reader(f)
4  next(data)
5
6  WD = []
7  GD = []
8  colors = []
9
10 for row in data:
11     row[2:] = map(float, row[2:])
12     WD.append(row[2])
13     GD.append(row[3])
14     if row[1] == '초등학교':
15         colors.append('red')
16     elif row[1] == '중학교':
17         colors.append('blue')
18     else:
19         colors.append('green')
20
21 import matplotlib.pyplot as plt
22 plt.rc('font', family = 'Malgun Gothic')
23 plt.scatter(GD, WD, s=1, color=colors)
24 plt.xlabel('경도')
25 plt.ylabel('위도')
26 plt.title('전국 초중고등학교 위치')
27 plt.show()
```

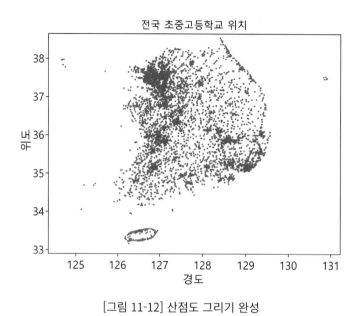

[그림 11-12] 산점도 그리기 완성

1) 그래프로 무엇을 알 수 있나요?

'전국초중등학교 위치' 데이터를 산점도로 시각화해보았어요. 그래프를 통해 우리가 알 아낼 수 있는 정보는 무엇인가요?

전국에서 가장 많은 학교급	
전국에서 학교가 많은 지역	

산점도로 데이터를 시각화하니 전국 학교의 분포를 파악할 수 있었어요. 그럼 이제 데 이터를 활용하여 '우리 집에서 가장 가까운 학교'를 알아볼까요?

2) 우리 집에서 가장 가까운 학교를 알려주는 프로그램 만들기

'가장 가까운'은 어떻게 표현할 수 있을까요?

구구박사의 데이터 과학 지식 더하기

최단거리

최단 거리란 두 지점 사이의 가장 짧은 거리를 의미해요. 여러 방법 중 중학교에서 배우는 '피타고라스의 정리'를 이용한 '두 좌표 사이의 거리' 계산 방법을 활용할 거예요. 실제 정확한 최단 거리와는 차이가 있을 수 있으나 충분히 참고할 만한 프로그램을 만들 수 있어요.

집과 학교와의 거리가 얼마인가를 알아보는 것이 아니므로 실제 최단 거리 공식이 아닌 간단한 공식을 사용할 거예요. 공식이 잘 이해가 되지 않아도 코드 예시를 보며 차근차근 따라 하면 돼요!

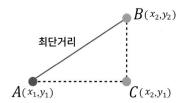

$$\overline{AB}^2 = \overline{AC}^2 + \overline{BC}^2$$

$$\overline{AB}^2 = (x_2 - x_1)^2 + (y_2 - y_1)^2 \quad \leftarrow \text{우리가 사용할 공식}$$

$$\overline{AB} = \sqrt{(x_2 - x_1)^2 + (y_2 - y_1)^2} \leftarrow \text{A와 B 사이의 거리}$$

최단 거리의 개념을 활용하여 '우리 집과 가장 가까운 학교를 알려주는 프로그램'을 만들면 되겠어요. 그리고 우리가 만든 프로그램을 다른 친구들도 사용할 수 있도록 학교급과 집 위치를 입력받도록 해볼까요?

(1) 데이터 읽기 및 준비하기

앞에서 그린 그래프에 이어서 입력한다면, 이 코드는 생략하고 셀만 추가해주세요.

```
1  import csv
2  f = open('school.csv', encoding = 'cp949')
3  data = csv.reader(f)
4  next(data)
```

[그림 11-13] 데이터 읽기 및 준비하기

(2) 학교급과 위치 입력받기

사용자가 알고자 하는 학교급과 사는 지역의 위도, 경도를 입력받아 각각 변수 grade, WD, GD에 저장해요.

```
1  grade = input('초등학교, 중학교, 고등학교 중 골라주세요.')
2  WD = float(input('당신이 사는 지역의 위도는 무엇입니까?'))
3  GD = float(input('당신이 사는 지역의 경도는 무엇입니까?'))
```

[그림 11-14] 학교급과 위도, 경도 입력받기

(3) 변수 설정하기

```
㉠1  min = 1000000
㉡2  school = ''
```

㉠ 집과 학교 사이의 가장 짧은 거리, 즉 최단 거리의 최솟값을 저장할 변수를 만들어요.
  이때, 변수를 충분히 큰 임의의 값으로 설정해야 해요.
㉡ 집과 학교 사이의 거리가 가장 짧을 때의 학교 이름을 저장할 변수를 만들어요.
  나중에 집과의 거리가 가장 짧은 학교의 이름으로 바뀔 것이기 때문에 빈 문자를 넣어줘요.

[그림 11-15] 변수 설정하기

(4) 최단 거리의 최솟값 찾기

```
1  for row in data:
2      row[2:] = map(float, row[2:])
㉠3      if (grade == row[1]):
㉡4          distance = (GD-row[3])*(GD-row[3]) + (WD-row[2])*(WD-row[2])
㉢5          if distance < min:
㉣6              min = distance
㉤7              school = row[0]
```

[그림 11-16] 최단 거리의 최솟값 찾기

㉠ 만약 입력받은 학교급(grade)과 어떤 행의 row[1]이 같다면,

㉡ 입력받은 위치와 그 행의 학교 사이의 최단 거리를 구해서 변수 distance에 저장해요.

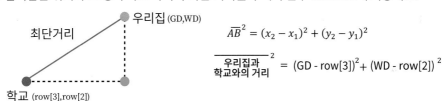

$$\overline{AB}^2 = (x_2 - x_1)^2 + (y_2 - y_1)^2$$

$$\overline{\substack{\text{우리집과} \\ \text{학교와의 거리}}}^{2} = (GD - row[3])^2 + (WD - row[2])^2$$

실제 최단 거리는 $\sqrt[2]{distance}$ 이지만, 우리에게 실제 최단 거리 값은 필요하지 않아요.

따라서 $\sqrt[2]{}$ 를 하지 않은, distance의 형태 그대로 비교하도록 할게요.

㉢ 이때, distance가 지금까지의 최단 거리의 최솟값인 min보다 작다면,

㉣ min을 그 행의 최단 거리, distance의 값으로 바꾸고,

㉤ school을 그 행의 학교 이름, row[0]으로 바꿔요.

	A	B	C	D
1	학교명	학교급구분	위도	경도
2	가파초등학교	초등학교	33.169	126.269
3	대정중학교	중학교	33.219	126.253

row[0] → A, row[1] → B, row[2] → C, row[3] → D

[그림 11-17] csv 파일 구조

(5) 최단 거리가 최솟값일 때의 학교 이름 출력하기

```
1  print('당신의 집과 가장 가까운 학교는 ' + school + '입니다.')
```

[그림 11-18] 출력하기

(6) 완성 코드

```
1   import csv
2   f = open('school.csv', encoding = 'cp949')
3   data = csv.reader(f)
4   next(data)
5
6   grade = input('초등학교, 중학교, 고등학교 중 골라주세요.')
7   WD = float(input('당신이 사는 지역의 위도는 무엇입니까?'))
8   GD = float(input('당신이 사는 지역의 경도는 무엇입니까?'))
9
10  min = 1000000
11  school = ''
12
13  for row in data:
14      row[2:] = map(float, row[2:])
15      if (grade == row[1]):
16          distance = (GD-row[3])*(GD-row[3]) + (WD-row[2])*(WD-row[2])
17          if distance < min:
18              min = distance
19              school = row[0]
20
21  print('당신의 집과 가장 가까운 학교는 ' + school + '입니다.')
```

[그림 11-19] 가장 가까운 학교 찾기 프로그램 완성 코드

⑥ 문제 해결하기

우리가 만든 프로그램을 실행하여 집에서 가장 가까운 학교를 찾아볼까요?

구구박사의 데이터 과학 지식 더하기

위치 좌표 찾는 방법

너희 집과 가까운 학교를 찾기 전, 너희 집의 위도와 경도는 알고 있나? 집의 위치 좌표 찾는 방법을 알려주겠어. 먼저 구글 지도에 접속한 후, 원하는 위치를 검색해. ❶과 같이 빨간색 핀이 뜨면 그 위에 마우스 '오른쪽 버튼'을 클릭하고, '주변검색'을 선택해. 그러면 ❸과 같이 내가 원하는 장소의 좌표, 즉 위도와 경도가 나타나지.

구글 지도 : http://www.google.com/maps

그렇다면, 이제 너희 집의 위치를 직접 찾아보렴.

위도 _____ / 경도 _____

프로그램을 실행하고, 실행과정과 결과를 적어보세요.

학교급	초등학교 / 중학교 / 고등학교
내가 사는 지역의 위도	
내가 사는 지역의 경도	
집과 가장 가까운 학교	

 우리 집에서 가장 가까운 학교는( )야.

난 여기를 1지망으로 원서를 써야겠어!

오늘도 문제 해결!

7 추가 미션

우리가 만든 프로그램의 코드는 위도와 경도가 있는 위치데이터라면 어떤 것이든 적용할 수 있어요.
학습한 내용을 떠올리며 위도와 경도가 있는 위치 데이터를 수집하고, 데이터를 활용한 프로그램을
만들어 보세요.
ex) 가장 가까운 주차장의 위치를 알려주는 프로그램 만들기

MEMO

12장 언제 배달을 시켜야 빨리 올까?

PYTHON

여러분들은 배달 음식이 평소보다 유독 더 먹고 싶은 날이 있나요? 학교 급식을 많이 먹지 않은 날, 다음 날이 휴일인 날 등에 음식을 시켜 먹기도 하죠. 그런데 어떤 날에는 평소보다 배달 시간이 더 오래 걸려 음식이 식거나 주문한 것을 후회한 경험도 있을 거예요. 그렇다면 언제 배달을 시켜야 주문한 음식을 빨리 받을 수 있을까요? 평균적으로 배달횟수가 적은 요일은 언제인지 알아보아요.

 이번 장에서는 무엇을 배울까요?

- 요일별 배달 횟수를 막대그래프로 나타낼 수 있어요.
- 언제 배달을 주문하는 것이 좋을지 판단할 수 있어요.
- 최댓값을 찾아 요일별로 배달을 가장 많이 시키는 지역을 찾을 수 있어요.

① 문제 인식하기

야식이 너무 먹고 싶어..
오늘은 금요일이니까 나를 위해 특별히 맛있는 음식을 선물하겠어..!

좋아~ 바로 주문해 보자!

- 한시간 후 -

도대체 왜 아직도 배달이 안 오는거야?!

ㅠㅠ 오늘 금요일이라 다들 우리와 같은 생각인 걸까..?

그럴 수도 있겠다,, 그러면 언제 배달을 시켜야 빨리 음식을 받을 수 있을까?

● 문제 해결 계획하기

(1) 우리가 해결해야 하는 문제는 무엇인가요?

> 해결할 문제

(2) 문제 해결을 위해 어떤 데이터가 필요할까요?

> 필요한 데이터

'언제 배달을 시켜야 빨리 올까?'라는 문제를 해결하기 위해 어떤 데이터가 필요한지 생각해보아요.

배달을 빨리 받고 싶다면, 사람들이 배달을 적게 시키는 요일을 알아보면 좋겠어요. '요일별 배달 횟수 데이터'를 활용하여 문제를 해결해보도록 해요!

1. 책 앞의 홈페이지 접속
2. '자료실' 클릭
3. '8월배달.csv' 파일 내려받기
4. 내려받은 파일이 '다운로드(Downloads)' 폴더에 있는지 확인하기

	A	B	C	D	E	F	G	H
1	연월	행정동코드	광역시도명	구	동	요일	이용금액	배달횟수
2	202308	1.11E+09	서울특별시	종로구	청운효자동	Fri	2407009	89
3	202308	1.11E+09	서울특별시	종로구	청운효자동	Mon	2808862	96
4	202308	1.11E+09	서울특별시	종로구	청운효자동	Sat	3350844	106
5	202308	1.11E+09	서울특별시	종로구	청운효자동	Sun	3093876	102
6	202308	1.11E+09	서울특별시	종로구	청운효자동	Thu	2015897	70
7	202308	1.11E+09	서울특별시	종로구	청운효자동	Tue	3675519	122
8	202308	1.11E+09	서울특별시	종로구	청운효자동	Wed	2651326	99
9	202308	1.11E+09	서울특별시	종로구	사직동	Fri	3773654	133
10	202308	1.11E+09	서울특별시	종로구	사직동	Mon	3552728	142
11	202308	1.11E+09	서울특별시	종로구	사직동	Sat	4871324	171

데이터 출처) 금융데이터거래소(2023년 8월 기준)

[그림 12-1] 8월배달.csv

* 이 방법으로 내려받은 파일은 데이터 수집하기 과정을 거친 것이에요.

지역별 배달 데이터는 '금융데이터거래소' 누리집에서 제공하고 있어요. 금융데이터거래소는 금융, 통신, 공공기업 등 다양한 데이터를 볼 수 있는 곳이에요. 여러 카드사에서 지역별 배달 소비 현황 데이터를 제공하고 있어요. 그중 우리는 '서울특별시 행정동별 배달앱 카드 소비 현황(2023년 8월)' 데이터를 사용할 거예요. 하지만 이 홈페이지는 회원가입을 해야 하는 번거로움이 있어 직접 수집하는 과정은 생략하려고 해요.

③ 데이터 다듬기

1) 어떤 데이터가 필요할까?

언제 배달을 시켜야 빨리 오는지 알아보기 위해 우리가 수집한 데이터는 무엇인가요?

수집한 데이터	

	A	B	C	D	E	F	G	H
1	연월	행정동코드	광역시도명	구	동	요일	이용금액	배달횟수
2	202308	1.11E+09	서울특별시	종로구	청운효자동	Fri	2407009	89
3	202308	1.11E+09	서울특별시	종로구	청운효자동	Mon	2808862	96
4	202308	1.11E+09	서울특별시	종로구	청운효자동	Sat	3350844	106
5	202308	1.11E+09	서울특별시	종로구	청운효자동	Sun	3093876	102
6	202308	1.11E+09	서울특별시	종로구	청운효자동	Thu	2015897	70
7	202308	1.11E+09	서울특별시	종로구	청운효자동	Tue	3675519	122

[그림 12-2] 8월 배달 데이터 살펴보기

이 중에서 우리에게 필요한 데이터와 필요하지 않은 데이터를 구분해보세요.

필요한 데이터	필요하지 않은 데이터

모두 서울 데이터이므로 '광역시도명'은 필요하지 않아요. '연월'과 '행정동코드'의 값도 모두 같기 때문에 필요 없어요. 또한 '이용금액'이 높아도 한 사람이 많은 금액을 주문했을 수 있기 때문에 문제 해결에 필요한 데이터는 아니에요.

따라서 우리에게 필요한 데이터는 '구, 동, 요일, 배달횟수' 이렇게 4가지라 할 수 있어요.

2) 필요하지 않은 데이터 삭제하기

Ctrl 키를 누른 상태로 A, B, C, G열을 선택해요. 마우스 오른쪽 버튼을 클릭하고 '삭제'
를 누르면 필요한 데이터만 남은 모습을 볼 수 있어요.

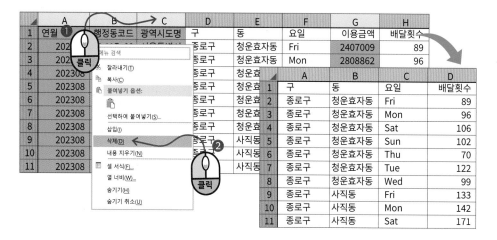

[그림 12-3] A, B, C, G열 삭제하기   [그림 12-4] A, B, C, G열 삭제 완료

3) 다듬은 데이터 저장하기

엑셀 화면의 왼쪽 위에 있는 🖫버튼을 클릭하여 다듬은 데이터를 저장해요.

④ 데이터 시각화하기

'요일별 배달 횟수'를 한눈에 비교하려면 어떤 그래프로 나타내면 좋을까요?

맞아요. 요일별로 배달 횟수의 많고 적은 정도를 비교하려면 막대그래프로 표현하는 것이 좋겠어요.

1) 데이터 읽기 및 준비하기

```
1  import csv
2  import matplotlib.pyplot as plt
3  f = open('8월배달.csv', encoding='cp949')
4  data = csv.reader(f)
5  next(data)
```

[그림 12-5] csv 파일 읽기

그래프를 그릴 수 있는 matplotlib 라이브러리를 미리 불러오고, csv 파일을 1번 행부터 읽어요.

2) 리스트 만들기

```
1  sum = [0] * 7
2  day = ['Mon', 'Tue', 'Wed', 'Thu', 'Fri', 'Sat', 'Sun']
```

[그림 12-6] 필요한 리스트 만들기

요일별 배달횟수의 합계를 담을 sum 리스트와 요일을 담은 day 리스트를 만들어요.

sum = [0] * 7

sum = [0] * 7을 실행하면 어떤 값이 출력될지 추측해보고, 아래의 답을 함께 살펴보아요.

코드	실행창	의미
sum = [0] * 7	[0, 0, 0, 0, 0, 0, 0]	리스트 안에 7개의 '0'이 만들어져요.

Quiz 1

아래의 표를 참고하여 sum[4]의 값과 day[2]의 값이 무엇일지 맞혀보세요!

리스트 \ 순서	[0]	[1]	[2]	[3]	[4]	[5]	[6]
sum	0	0	0	0	0	0	0
day	'Mon'	'Tue'	'Wed'	'Thu'	'Fri'	'Sat'	'Sun'

3) 요일별 배달횟수를 더해서 sum 리스트에 저장하기

```
1  for row in data:
ㄱ2      row[3] = int(row[3])
ㄴ3      for i in range(7):
ㄷ4          if row[2] == day[i]:
ㄹ5              sum[i] += row[3]
```

[그림 12-7] 요일별 배달횟수 저장하기

	A	B	C	D
1	구	동	요일	배달횟수
2	종로구	청운효자동	Fri	89
3	종로구	청운효자동	Mon	96
4	종로구	청운효자동	Sat	106
5	종로구	청운효자동	Sun	102
6	종로구	청운효자동	Thu	70

[그림 12-8] csv 파일 구조

ㄱ 배달횟수를 나타내는 row[3]을 정수형으로 바꿔요.

ㄴ i가 0부터 6이 될 때까지 반복해요.

ㄷ row[2](요일)와 day 리스트의 i번째 데이터가 같다면,

ㄹ sum 리스트의 i번째 데이터에 그 행의 row[3](배달횟수)을 더해줘요.

i가 0인 경우를 살펴보아요. i가 0일 때, day[0]은 Mon(월요일)이에요.

컴퓨터가 1번 행부터 row[2] == 'Mon'인 행을 찾아요. 2번 행에서 찾았네요! 그 행의 row[3](배달횟수)인 96을 sum[0]에 더해줘요. 그리고 그 아래 9번 행에서 또 'Mon'을 찾았어요! 그 행의 row[3](배달횟수)인 142를 sum[0]에 더해줘요.

	A	B	C	D
1	구	동	요일	배달횟수
2	종로구	청운효자동	Fri	89
3	종로구	청운효자동	Mon	96	→ sum[0] = 0 + 96
4	종로구	청운효자동	Sat	106
5	종로구	청운효자동	Sun	102
6	종로구	청운효자동	Thu	70
7	종로구	청운효자동	Tue	122
8	종로구	청운효자동	Wed	99
9	종로구	사직동	Fri	133
10	종로구	사직동	Mon	142	→ sum[0] = 0 + 96 + 142
11	종로구	사직동	Sat	171

이 과정을 행이 끝날 때까지 반복해요. 그렇다면 sum[0]에는 모든 월요일의 배달횟수 합계가 저장되겠죠?

그리고 i가 0일 때 했던 위 과정을 i가 6이 될 때까지 반복하며 요일별 배달횟수를 계산해요.

 구구박사의 데이터 과학 지식 더하기 ···

+=

 ❶ 번을 ❷ 번과 같이 표현할 수 있어요.

❶1   A = A + B
❷2   A += B

❶1   sum[i] = sum[i] + row[3]
❷2   sum[i] += row[3]

···

4) 요일별 합계 출력해보기

```
1 print(sum)
```

[91106, 98553, 91893, 75530, 86273, 101846, 102274]

[그림 12-9] 요일별 합계 출력해보기

요일별 합계가 잘 계산되었는지 중간 점검하기 위해 sum 리스트를 출력해보세요. 출력 결과를 보니 요일별 배달 횟수가 알맞게 저장된 것 같군요!

5) 막대그래프 그리기

그래프의 x축과 y축에는 각각 어떤 값이 들어가야 할까요?

```
    1 plt.rc('font',family='Malgun Gothic')
 ㉠ 2 plt.bar(day, sum)
    3 plt.title('서울시 요일별 배달 횟수')
 ㉡ 4 plt.ylabel('배달횟수')
    5 plt.show()
```

㉠ 요일을 나타내는 day 리스트를 x축 값으로, 요일별 배달 횟수를 모두 더한 sum 리스트를 y축 값으로 정해요.

㉡ y축 값을 설명하는 이름을 정해요.

[그림 12-10] 막대그래프 그리기

6) 완성 코드

```
1   import csv
2   import matplotlib.pyplot as plt
3
4   f = open('8월배달.csv', encoding='cp949')
5   data = csv.reader(f)
6   next(data)
7
8   sum = [0] * 7
9   day = ['Mon', 'Tue', 'Wed', 'Thu', 'Fri', 'Sat', 'Sun']
10  for row in data:
11      row[3] = int(row[3])
12      for i in range(7):
13          if row[2] == day[i]:
14              sum[i] += row[3]
15
16  plt.rc('font',family='Malgun Gothic')
17  plt.bar(day, sum)
18  plt.title('서울시 요일별 배달 횟수')
19  plt.ylabel('배달횟수')
20  plt.show()
```

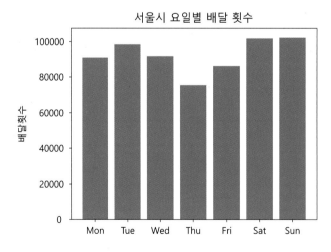

[그림 12-11] '서울시 요일별 배달 횟수' 완성

⑤ 데이터 분석하기

서울시의 '요일별 배달 횟수' 데이터를 시각화해보았어요. 시각화한 그래프를 분석하여
아래 표에 답을 채워보세요.

사람들이 배달을 적게 시키는 요일	
사람들이 배달을 많이 시키는 요일	

⑥ 문제 해결하기

사람들은 (   )요일에 배달을 많이 시키고, (   )요일에 배달을 적게 시켜.

따라서 배달을 빨리 받고 싶으면 (   )요일에 시키면 좋겠다!

7 추가 미션

이번에는 8월뿐만 아니라 다른 달의 데이터도 수집하여 분석해봐.
난 겨울의 데이터가 궁금한걸?

8 한 단계! 업그레이드! (요일별로 배달을 가장 많이 시킨 지역은 어디일까?)

우리가 수집한 데이터를 다른 시각에서 분석해보아요. 요일별로 어떤 지역에서 가장 많이 배달을 주문하는지 알아보아요.

1) 데이터 읽기 및 준비하기

```
1  import csv
2  f = open('8월배달.csv', encoding='cp949')
3  data = csv.reader(f)
4  next(data)
```

[그림 12-12] csv 파일 읽기

2) 리스트 만들기

```
ㄱ1  day = ['Mon', 'Tue', 'Wed', 'Thu', 'Fri', 'Sat', 'Sun']
ㄴ2  mx = [0] * 7
ㄷ3  mx_location = [''] * 7
```

ㄱ 요일 리스트,

ㄴ 요일별로 배달을 가장 많이 시킨 지역의 배달횟수를 저장하는 리스트,

ㄷ 그때의 지역 이름을 저장하는 리스트를 각각 만들어요.

[그림 12-13] 리스트 만들기

3) 최댓값 데이터를 찾아 각 리스트에 넣기

```
 1  for row in data:
 2      row[3] = int(row[3])
 3      for i in range(7):
ㄱ4          if row[2] == day[i]:
ㄴ5              if row[3] > mx[i]:
ㄷ6                  mx[i] = row[3]
ㄹ7                  mx_location[i] = row[0] + ' ' + row[1]
```

[그림 12-14] 배달횟수가 최댓값일 때의 지역 구하기

ㄱ row[2](요일)가 day[i]와 같은 행을 찾아요.

ㄴ 그 행의 row[3](배달횟수)이 지금까지 저장된 mx[i](최댓값)보다 클 경우,

ㄷ 그 행의 배달횟수를 mx[i] 값으로 새로 저장해요.

ㄹ 그 행의 row[0]과 row[1](지역 이름)을 mx_location[i] 값으로 새로 저장해요.

이때 ' '은 row[0](구)와 row[1](동) 사이를 띄어쓰기 위해 추가한 것이에요.

	A	B	C	D
1	구	동	요일	배달횟수
2	종로구	청운효자동	Fri	89
3	종로구	청운효자동	Mon	96
4	종로구	청운효자동	Sat	106
5	종로구	청운효자동	Sun	102

[그림 12-15] csv 파일 구조

i가 0인 경우를 생각해볼까요? day[0]은 'Mon'이므로 가장 먼저 마주치게 되는 행은 2번 행이에요.

▲	A	B	C	D
1	구	동	요일	배달횟수
2	종로구	청운효자동	Fri	89
3	종로구	청운효자동	Mon	96
4	종로구	청운효자동	Sat	106
5	종로구	청운효자동	Sun	102
6	종로구	청운효자동	Thu	70
7	종로구	청운효자동	Tue	122
8	종로구	청운효자동	Wed	99
9	종로구	사직동	Fri	133
10	종로구	사직동	Mon	142

이때의 배달횟수인 96을 mx[0]에, 지역 이름인 '종로구 청운효자동'을 mx_location[0]에 저장해요. 그리고 계속 행을 내려가며 'Mon'이면서 배달횟수가 96보다 큰 행을 찾아요.

9번 행에서 찾았네요! 이제는 mx[0]에 142를, mx_location[0]에 '종로구 사직동'을 저장해요.

이와 같은 방법으로 Mon일 때의 배달횟수 최댓값을 mx[0], 그때의 지역 이름을 mx_location[0]에 저장해요. 이 과정을 i가 6일 때까지 반복하며 요일별 최댓값을 찾죠.

4) 요일별 배달횟수가 가장 많은 지역 출력하기

```
1  for i in range(7):
2      print(day[i] + ': ' + mx_location[i] + ',', mx[i])
```

```
Mon: 송파구 잠실2동, 1015
Tue: 송파구 잠실2동, 1043
Wed: 송파구 잠실2동, 1019
Thu: 강남구 도곡2동, 838
Fri: 송파구 잠실3동, 919
Sat: 송파구 잠실2동, 1033
Sun: 송파구 잠실2동, 1047
```

[그림 12-16] 요일별 배달횟수가 가장 많은 지역 출력하기

5) 완성 코드

```
1   import csv
2
3   f = open('8월배달.csv', encoding='cp949')
4   data = csv.reader(f)
5   next(data)
6
7   day = ['Mon', 'Tue', 'Wed', 'Thu', 'Fri', 'Sat', 'Sun']
8   mx = [0] * 7
9   mx_location = [''] * 7
10
11  for row in data:
12      row[3] = int(row[3])
13      for i in range(7):
14          if row[2] == day[i]:
15              if row[3] > mx[i]:
16                  mx[i] = row[3]
17                  mx_location[i] = row[0] + ' ' + row[1]
18
19  for i in range(7):
20      print(day[i] + ': ' + mx_location[i] + ',', mx[i])
```

[그림 12-17] 요일별 배달횟수가 가장 많은 지역 출력하기

6) 문제 해결

(   )요일에는 (   )지역에서 제일 배달을 많이 시키는군!

7) 추가 미션

서울지역에서는 잠실 2동의 배달횟수가 많은 편이군!
이번에는 '금융데이터거래소' 누리집에 접속해 너희 지역 데이터를 활용해봐.

MEMO

13장 놀이공원은 몇 월에 가는 것이 좋을까?

여러분들은 놀이기구 타는 것을 좋아하나요? '이것저것 많이 타야지' 다짐했지만, 놀이기구의 대기 줄이 너무 길어 몇 개 타지 못하고 집에 쓸쓸히 돌아온 적이 있나요? 그럴 때 우리는 다음에는 꼭 사람이 없을 때 와야겠다고 생각하죠. 놀이공원에서 놀이기구를 많이 타려면 언제 가야할까요?

오늘도 몇 개 못 타겠네…

 이번 장에서는 무엇을 배울까요?

● 수집한 데이터의 행과 열을 보기 쉽게 정리할 수 있어요.

● '놀이공원의 월별 입장객 수'를 상자그림으로 나타내고 해석할 수 있어요.

① 문제 인식하기

다혜야! 지난 주에 친구들과 놀이동산에서 자유이용권을 끊었는데
놀이기구를 3개밖에 못 탔어.

왜? 사람이 너무 많아서?

응. 놀이공원은 갈 때마다 사람이 많은 것 같아.
도대체 놀이기구를 많이 타려면 몇 월에 가야 할까?

데이터로 알아보는 건 어떨까?
놀이공원의 월별 입장객 수를 확인해 보면 될 것 같은데.

좋은 생각이야!

● 문제 해결 계획하기

(1) 우리가 해결해야 하는 문제는 무엇인가요?

해결할 문제

(2) 문제 해결을 위해 어떤 데이터가 필요할까요?

필요한 데이터

'놀이공원은 몇 월에 가는 것이 좋을까?'를 해결하기 위해 놀이공원에 사람이 적은 달이
언제인지 알면 좋겠어요. 어떤 데이터가 필요할까요?

여러 해 동안의 1월부터 12월까지의 입장객 수를 비교해보면 입장객 수가 적은 달을 알
수 있어요. '놀이공원 월별 입장객 수'가 필요하겠어요!

'놀이공원 월별 입장객 수'는 어디에서 내려받을 수 있을까요? '관광지식정보시스템'에서는 관광과 관련된 다양한 데이터를 제공하고 있어요.

관광지식정보시스템에 접속하여 통계 메뉴를 누르면 다양한 통계 데이터를 확인할 수 있어요. 그중 관광객통계 메뉴의 주요관광지점입장객통계를 선택해주세요.

관광지식정보시스템 : https://know.tour.go.kr/

[그림 13-1] 관광지식정보시스템 > 관광객통계 > 주요관광지점입장객통계

주요관광지점 입장객 통계에서는 전국 또는 지역별 주요관광지점의 입장객 통계나 인기 관광지 등의 정보가 있어요. 우리가 원하는 관광지의 입장객 통계를 확인하기 위해서 통계표를 눌러보세요.

[그림 13-2] 주요관광지점 입장객 통계 > 통계표

에버랜드, 서울대공원, 롯데월드, 경주월드 등 다양한 놀이공원이 있어요. 이 장에서는 여러 놀이공원 중 가장 입장객 수가 많은 에버랜드 데이터를 수집해볼게요.

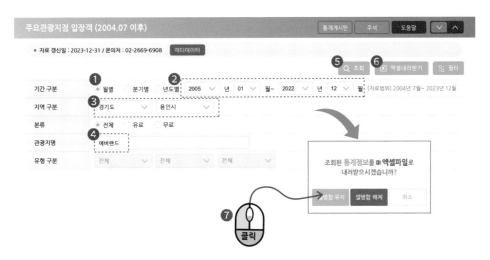

❶ '기간 구분'을 '월별'로 선택해요.

❷ '2005년 01월부터 2022년 12월까지'로 선택해요. 주요관광지점 입장객 통계에서 2004년 7월 이후의 자료부터 제공하기 때문에 2005년 1월부터의 자료를 수집해줘요.

❸ '지역 구분'은 에버랜드가 있는 '경기도 용인시'로 선택해요.

❹ '관광지명'에는 우리가 알고 싶은 놀이공원인 '에버랜드'를 입력해요.

❺ 조회 버튼을 눌러 데이터를 살펴보아요.

❻ 데이터 파일을 내려받기 위해 엑셀내려받기 버튼을 눌러요.

❼ 팝업 화면이 뜨면, '셀병합 유지'를 눌러요. '셀병합 유지'로 파일을 내려받으면, 파일이 더 보기 쉽게 정리되어 있어요.

[그림 13-3] 에버랜드 월별 입장객 데이터 수집하기

내려받은 파일을 확인해보아요. 열의 속성에는 '시도', '군구', '관광지', '내/외국인', '총계', '연도별 인원계', '월별 인원' 등이 있어요. 그리고 행에는 기간별 입장객 수가 내국인/외국인/합계로 구분되어 있어요.

	A	B	C	D	E	F	G	H	I
1	시도	군구	관광지	내/외국인	총계(2005.01 ~ 2022.12)				
2						인원계	2005년 01월	2005년 02월	2005년 03월
3	경기도	용인시	에버랜드	내국인	108,652,208	8,237,150	487,392	285,195	285,195
4				외국인	8,719,559	413,670	20,700	37,210	37,210
5				합계	117,371,767	8,650,820	508,092	322,405	322,405

[그림 13-4] 에버랜드 월별 입장객 수(원본) 데이터

1. 책 앞의 홈페이지 접속
2. '자료실' 클릭
3. 'everland.csv' 파일 내려받기
4. 내려받은 파일이 '다운로드(Downloads)' 폴더에 있는지 확인하기

데이터 출처) 관광지식정보시스템

	A	B
1	연월	입장객 수
2	Jan-05	508092
3	Feb-05	322405
4	Mar-05	320007
5	Apr-05	953216
6	May-05	1100897
7	Jun-05	950586
8	Jul-05	905485
9	Aug-05	1244341
10	Sep-05	499623
11	Oct-05	980808

[그림 13-5] everland.csv

* 이 방법으로 내려받은 파일은 데이터 수집하기 및 데이터 다듬기 과정을 거친 것이에요.

③ 데이터 다듬기

1) 어떤 데이터가 필요할까?

언제 놀이공원에 가면 좋을지 알아보기 위해 우리가 수집한 데이터는 무엇인가요?

수집한 데이터	

우리가 수집한 데이터는 '에버랜드 월별 입장객 수'에요. 테이블을 살펴보며 우리에게 필요한 데이터와 필요하지 않은 데이터를 구분해보세요.

필요한 데이터	필요하지 않은 데이터

우리에게는 '월별 입장객 수'만 필요하므로 '총계'나 '연도별 인원계'는 필요하지 않아요. 또 내/외국인을 따로 구분할 필요가 없으므로 5행의 '합계' 데이터를 제외한 3~4행의 '내/외국인'을 구분하는 데이터는 필요하지 않아요.

2) 필요하지 않은 데이터 삭제하기

필요하지 않은 데이터를 삭제해볼까요? 먼저 내/외국인을 구분하는 3~4행을 삭제해주세요. 그리고 시도, 군구, 관광지 등이 있는 A~E열도 삭제해주세요.

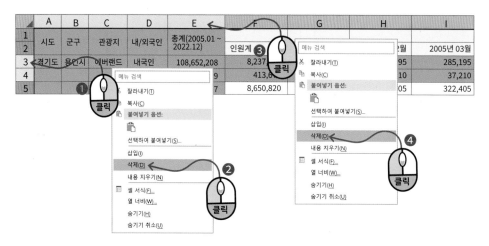

[그림 13-6] 3~4행 삭제하기   [그림 13-7] A~E열 삭제하기

그리고 2005년, 2006년, … 등의 연도를 나타내는 1행을 삭제해주세요.

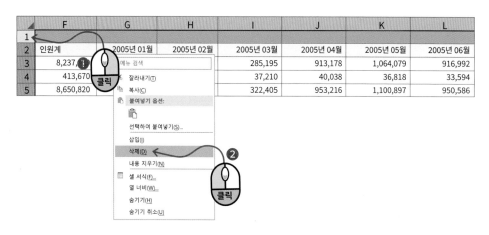

[그림 13-8] 1행 삭제하기

또 어떤 데이터를 삭제해야 할까요? 테이블을 살펴보세요. 각 연도가 시작될 때, 1년 동안의 입장객 수의 합을 나타내는 '인원계' 역시 우리에게는 필요하지 않아요. 그런데 2005년부터 2022년까지의 18개의 열을 직접 찾아서 삭제하는 일은 쉽지 않아요. 따라서 '찾기 및 바꾸기' 기능을 이용해볼게요. 키보드의 [Ctrl] + [F] 키를 눌러요.

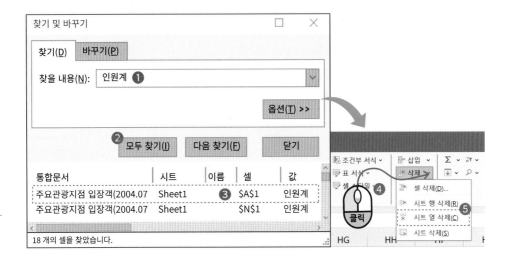

❶ '찾을 내용'에 우리가 삭제하려는 '인원계'를 입력해요.

❷ 모두 찾기 버튼을 누르면, 18개의 '인원계' 데이터가 있는 셀을 찾아줘요.

❸ 하나의 데이터를 선택한 채로 키보드의 [Ctrl] + [A] 키를 누르면 테이블에 있는 모든 '인원계' 셀이 선택돼요.

❹ 모든 '인원계' 셀이 선택된 채로 삭제 버튼을 눌러요.

❺ 시트 열 삭제 버튼을 눌러, 모든 '인원계' 열을 삭제해요.

[그림 13-9] 필요하지 않은 데이터 삭제하기

	A	B	L	M	GV	GW
1	2005년 01월	2005년 02월	2005년 12월	2006년 01월	2021년 12월	2022년 01월
2	508.092	322,405	440,764	553,754	254,427	183,768

[그림 13-10] 필요하지 않은 데이터 삭제 완료

테이블만 보면 1행과 2행이 각각 어떤 데이터를 나타내는지 알 수 없으므로 데이터의 속성값을 추가해줘요. A열을 선택하고 마우스 '오른쪽 버튼'을 클릭한 후, '삽입' 버튼을 눌러서 열을 추가해요. 1행에는 '연월'을, 2행에는 '입장객 수'를 입력해요.

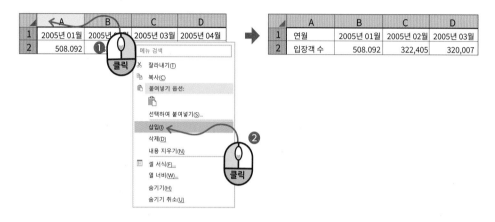

[그림 13-11] 열 추가하기   [그림 13-12] 데이터 속성값 입력하기

3) 데이터 서식 바꾸기

우리는 월별 입장객 수를 비교하고 싶어요. 따라서 컴퓨터가 '연월' 데이터와 '입장객 수' 데이터 모두를 숫자로 인식할 수 있도록 두 데이터의 서식을 숫자로 바꿔줘야 해요.

[그림 13-12]를 살펴보면, '연월' 데이터의 서식은 '0000년 00월'이에요. 여기서 문자를 없애주고 '0000-00'로 바꿔볼게요. 먼저 '0000년'을 '0000-'로 바꿀게요.

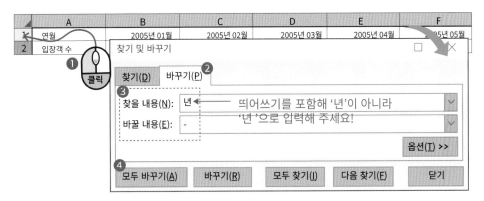

❶ 1행을 선택해요.

❷ 키보드의 Ctrl + F 를 눌러서 '찾기 및 바꾸기' 기능을 사용해요.

❸ '찾을 내용'에 '년 '을 입력해요. '0000년 00월'에서 '년' 뒤에 ' '(공백)이 있어서 키보드의 SPACE 키를 눌러 띄어 써주세요. '바꿀 내용'에 '-'을 입력해요.

❹ 모두 바꾸기 버튼을 눌러요.

[그림 13-13] '○○○○-'으로 바꾸기

똑같은 방법으로 '00월'도 '00'으로 바꿔볼게요. 이번에는 '찾을 내용'에 '월'을 입력하고, '바꿀 내용'에 아무것도 입력하지 않아요. 빈 문자는 공백(띄어 쓴 칸)과 달라서 띄어쓰기도 하지 않아요. 모두 바꾸기 버튼을 눌러요. 이때, A열의 '연월'에서 '월'도 사라지기 때문에 A열의 '연' 뒤에 '월'을 추가로 입력해주세요.

	A	B	C	D	E	F
1	연월	2005-01-01	2005-02-01	2005-03-01	2005-04-01	2005-05-01
2	입장객 수	508,092	322,405	320,007	953,216	1,110,897

[그림 13-14] '○○○○-○○-01'?

'0000-00'으로 변경했는데 갑자기 01이 추가된 '0000-00-00'이 나타나요. 이는 1행의 서식이 'yyyy-mm-dd'(연-월-일)로 설정되어 있기 때문이에요. 따라서 셀 서식을 변경해줘야 해요.

1행을 마우스의 오른쪽 버튼으로 눌러 셀 서식을 선택하고, '사용자 지정'으로 들어가요. '형식'을 'yyyy-mm-dd'(연-월-일)에서 'dd'를 지워 'yyyy-mm'(연-월)로 수정하고, 확인 버튼을 눌러줘요.

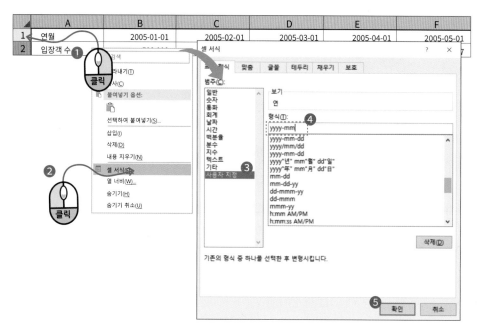

[그림 13-15] 'yyyy-mm' 셀 서식 변경하기

이번에는 2행의 입장객 수를 보아요. 입장객 수의 숫자 데이터에 천(1000) 단위마다 콤마(,)가 있어요. 숫자에 콤마가 있으면 [그림 13-16]과 같은 오류가 생겨요. 따라서 셀 서식 변경을 통해 콤마를 제거해줘요.

ValueError: invalid literal for int() with base 10: '508,092'

[그림 13-16] 콤마(,) 오류

2행을 마우스의 오른쪽 버튼으로 눌러 셀 서식을 선택하고, '숫자'로 들어가요. '1000단위 구분 기호(,) 사용'의 체크 표시를 지우고, 확인 버튼을 눌러줘요.

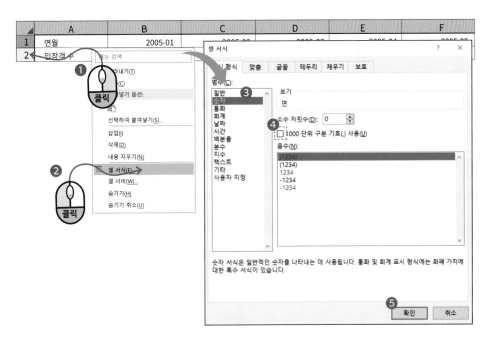

[그림 13-17] 2행 셀 서식 변경하기

4) 행렬전환하기

현재 테이블의 첫 번째 행에는 '연월' 데이터가, 두 번째 행에는 '입장객 수' 데이터가 있어요. 파이썬으로 데이터를 더 편하게 분석하기 위해 첫 번째 열에 '연월' 데이터가, 두 번째 열에 '입장객 수' 데이터가 표시될 수 있도록 테이블의 행과 열을 바꿔줘요. 이를 행렬전환이라고 해요.

하나의 셀을 선택한 후, 키보드의 Ctrl + A 키를 눌러 모든 셀을 선택해요. 그리고 마우스의 오른쪽 버튼을 눌러 복사 버튼을 클릭해요. 그리고 스프레드시트 왼쪽 아래의 'Sheet1' 옆에 있는 + 버튼(새 시트 버튼)을 눌러 새로운 시트를 만들어요.

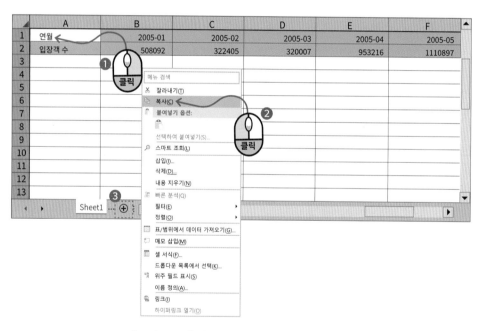

[그림 13-18] 데이터 복사하고 새 시트 만들기

새 시트의 빈 셀인 A1을 마우스의 오른쪽 버튼으로 누른 후, 붙여넣기 옵션을 확인해요. '바꾸기' 버튼을 누르면 행렬이 전환돼요.

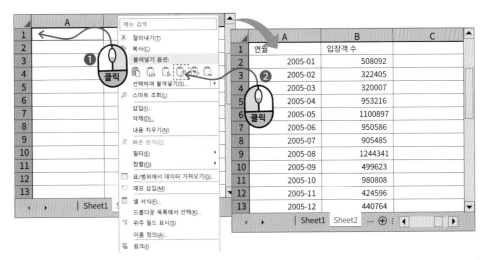

[그림 13-19] '바꾸기' 버튼   [그림 13-20] 행렬전환 완료

5) 다듬은 데이터를 새로운 파일로 저장하기

우리가 만든 새로운 시트를 띄워놓은 상태로 '파일' 메뉴를 선택해요. '다른 이름으로 저장'을 누른 후, 저장 위치를 '다운로드' 폴더로 선택하고, 파일 이름에 'everland'를 입력해요. 파일 형식을 'CSV (쉼표로 분리) (*.csv)'로 선택하세요. 저장 버튼을 누르면, [그림 13-21]과 같은 화면이 떠요. 다듬은 데이터가 있는 현재 시트만 필요하기에 확인 버튼을 눌러 현재의 시트만 저장해요.

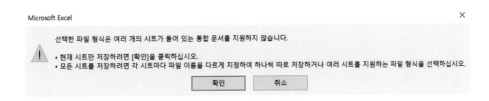

[그림 13-21] 현재 시트만 저장하기 화면

④ 데이터 시각화하기

놀이공원은 몇 월에 가면 좋을지 알아보기 위해 '에버랜드의 월별 입장객 수' 데이터를 수집한 후 다듬어 보았어요. 데이터가 한눈에 보이도록 그래프로 나타내 보아요. 여러 해 동안의 입장객 수를 월별로 비교하기 위해 어떤 그래프로 나타내는 것이 적합할까요?

월마다 여러 개의 데이터가 있어 막대그래프로 나타내면 막대가 너무 많아져요. 데이터 과학자들은 데이터를 그룹별로 나누어 비교할 때, 상자그림(boxplot)을 사용하곤 해요. 이번에는 '월별 입장객 수'를 상자그림으로 나타내봐요.

1) 데이터 읽기 및 준비하기

데이터 파일을 읽고, 1번 행부터 데이터를 읽을 수 있도록 준비해줘요.

```
1  import csv
2  f = open('everland.csv', encoding='cp949')
3  data = csv.reader(f)
4  next(data)
```

[그림 13-22] 데이터 읽기 및 준비하기

2) 월 리스트 만들기

```
㉠1  month = []
㉡2  for i in range(12):
㉢3      month.append([])
  4  print(month)
```

[[], [], [], [], [], [], [], [], [], [], [], []]

ㄱ 빈 리스트 month를 만들어요.

ㄴ 'for 반복문'으로 ㄷ을 12번 반복해요.

ㄷ 빈 리스트([ ])를 month 안에 넣어요.

ㄱ-ㄷ을 통해 month는 12개의 빈 리스트가 있는 리스트가 돼요. month 안에 있는 12개의 빈 리스트에 각각 1월, 2월, ... , 12월의 월별 데이터를 저장할 거예요.

[그림 13-23] 리스트 만들기

세 번째 과정에 들어가기 전, split( ) 함수를 알아볼까요?

구구박사의 데이터 과학 지식 더하기 ···

split( ) 함수

  split( ) 함수는 특정 문자를 기준으로 문자열을 나눈 후, 리스트 형태로 나타내줘요.
split( ) 함수로 '2022-01-02'에서 월을 의미하는 '01'만 추출해볼게요.

```
1  '2022-01-02'.split('-')
```

['2022', '01', '02']

'2022-01-02'가 '-'를 기준으로 '2022', '01', '02'로 나뉘어 리스트로 출력돼요.

```
1  '2022-01-02'.split('-')[1]
```

'01'

노란색 부분은 리스트 ['2022', '01', '02']이에요. 따라서 '01'만 출력하고 싶다면, 리스트의 1번 요소를 불러줘요. 따라서 노란색 부분 뒤에 [1]을 추가해주면, '01'만 출력돼요.

···

Quiz 1

'2024/01/03'에서 '2024'만 출력하고 싶다면 어떻게 코드를 작성해야 할까요?

3) 월별 데이터를 각각의 리스트에 저장하기

```
㉠1  for row in data:
㉡2      month[int(row[0].split('-')[1])-1].append(int(row[1]))
```

㉠ 'for 반복문'으로 데이터를 1번 행부터 마지막
   행까지 차례대로 읽어요.

㉡ 그 행의 row[1](입장객 수)을 정수로 바꾼 후,
   month 안의 12개 리스트 중 row[0]의
   '월' 부분에서 1을 뺀 숫자의 순서에 넣어요.

[그림 13-24] 월별 데이터를 월별 리스트에 넣기

	A	B
1	연월	입장객 수
2	2005-01	508092
3	2005-02	322405
4	2005-03	320007
5	2005-04	953216
6	2005-05	1100897

[그림 13-25] csv 구조

㉡ 코드를 차근차근 살펴보아요.

Step 1. month[ ]에서 대괄호 안을 A로 생각하여 [그림 13-26]과 같이 코드를 읽어봐요.

```
month[int(row[0] splAt('-')[1])-1] append(int(row[1]))
```
↑ row[1](입장객 수)을 정수로 바꾼 후, month의 A번째 리스트에 넣어라.

[그림 13-26] month[A].append(int(row[1]))

Step 2. A는 '월'을 정수로 바꾼 후, 1만큼 뺀 숫자를 의미해요. 그 이유는 다음과 같아요.

❶ row[0]을 '-'로 나눈 것 중 1번 문자열, 즉 '월'이에요. 예를 들어, 어떤 행의 row[0]이
   '2005-01'이라면 1번 문자열인 '01'을 의미하겠죠.

```
int(row[0].split('-')[1])-1
```
❷ '월'을 정수로 바꾼 후, 1만큼 뺀 숫자

[그림 13-27] int(row[0].split('-')[1])-1

[그림 13-27]에서 왜 1을 빼야 할까요? 리스트에서 데이터를 셀 때, 0번부터 시작하기 때문이에요. 예를 들어, row[0].split('-')[1]이 '01'일 때, 입장객 수 데이터를 1월 리스트에 넣어줘야 해요. 1월 리스트는 month에서 0번째 요소예요. 따라서 month[1]이 아닌, '01'에서 1을 빼서 month[0]에 접근할 수 있도록 해줘요.

월	01	02	04	04	05	06	07	08	09	10	11	12
month 리스트 데이터 순서	0	1	2	3	4	5	6	7	8	9	10	11

4) 상자그림 그리기

'월별 입장객 수'를 상자그림으로 나타내봐요.

```
1 import matplotlib.pyplot as plt
2 plt.boxplot(month)
3 plt.grid()
4 plt.show()
```

[그림 13-28] 상자그림 그리기

5) 완성 코드

```
1  import csv
2  f = open('everland.csv', encoding='cp949')
3  data = csv.reader(f)
4  next(data)
5
6  month = []
7  for i in range(12):
8      month.append([])
9
10 for row in data:
11     month[int(row[0].split('-')[1])-1].append(int(row[1]))
12
13 import matplotlib.pyplot as plt
14 plt.boxplot(month)
15 plt.grid()
16 plt.show()
```

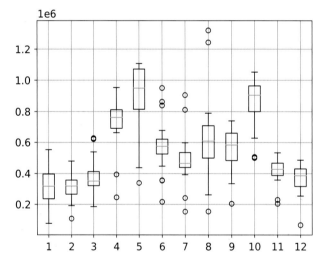

[그림 13-29] '월별 입장객 수' 상자그림

* 그래프 위의 1e6은 10의 6제곱, 즉 1,000,000(백만)을 의미해요. 만약 중앙값이 y축의 1.0에 위치한다면,
1.0*1,000,000이므로 백만 명을 의미해요.

5 데이터 분석하기

'에버랜드의 월별 입장객 수' 데이터를 시각화해보았어요. 상자그림으로 우리가 읽어낼 수 있는 정보는 무엇인가요? 새롭게 알게 된 정보를 정리하고 주어진 질문 외에도 질문을 만들고 답해보세요.

중앙값이 가장 높은 월 두 개는 무엇인가요?	
최댓값이 가장 높은 월 두 개는 무엇인가요?	
최솟값이 가장 높은 월 두 개는 무엇인가요?	
중앙값이 가장 낮은 월 두 개는 무엇인가요?	
최댓값이 가장 낮은 월 두 개는 무엇인가요?	
최솟값이 가장 낮은 월 두 개는 무엇인가요?	

사람들은 주로 (   )에 에버랜드에 가는구나.

역시 다들 너무 춥지도, 너무 덥지도 않은 봄과 가을에 놀러 가나봐.

 그러니깐!
날씨냐, 놀이기구냐! 그것이 문제로다!

맞아. 가족여행이나 친구들과 놀러갈 때 이 데이터를 참고하면 좋을 것 같아.

 그렇다면 중앙값이나 최댓값이 가장 낮은 달에 가면 되겠어!

그래. 놀이기구를 많이 타려면 (   )월이나 (   )월에 가봐!

MEMO

세 걸음

데이터 과학 새싹반
(판다스)

<READY TO CODE>

<?>

14장 판다스 준비운동

● 빅데이터 분석의 필수템, Pandas란?

우리는 지금까지 csv 파일을 읽고 for 반복문, 리스트 등의 기본 문법을 활용하여 데이터 분석을 했어요. 하지만 이것만으로 모든 데이터를 분석하기는 어려워요. 더 전문적으로, 더 많은 양의 데이터를 분석할 때, 데이터 과학자들은 'pandas 라이브러리'를 활용해요.

이번 장에서는 pandas 라이브러리의 기본적인 기능을 활용하여 for 반복문으로만 해결하기 어려운 데이터를 쉽게 분석해보려고 해요. pandas를 사용한다면 "너무 쉬운걸? 왜 진작에 알려주지 않았지?"라는 생각을 하게 될 거예요!

이 장에서는 무엇을 배울까요?

- 판다스 라이브러리 불러오기
- 판다스의 데이터 구조 2가지 이해하기
- 판다스로 데이터 불러오기 및 데이터 살펴보는 방법 알기
- 데이터 추출하는 방법 알기
- 데이터를 그룹으로 묶어 합계 구하기

1 판다스 라이브러리 불러오기

```
1 import pandas as pd
```

[그림 14-1] 판다스 라이브러리 불러오기

아나콘다 배포판을 사용하는 경우 판다스 라이브러리가 내장되어 있어 따로 설치하지 않아도 되지만, 판다스를 실행하기 위해 불러오는 작업은 필수에요. pandas 라이브러리를 불러와 pd라는 별명을 붙여요.

판다스의 데이터 구조 이해하기 : 시리즈(Series), 데이터프레임(DataFrame)

판다스는 데이터를 다루기 위해 2가지 구조를 사용하고 있어요.

시리즈 (Series)	<table><tr><td>0</td><td></td><td>구구박사</td></tr><tr><td>1</td><td></td><td>다혜</td></tr><tr><td>2</td><td></td><td>소연</td></tr><tr><td>3</td><td></td><td>판다</td></tr></table> 인덱스 ─┘　└─ 값(values) (index) [그림 14-2] 시리즈 예시 ▪ 시리즈는 표의 '열'이라고 생각하면 쉬워요. 시리즈는 '인덱스'와 '값'으로 이루어져 있어요. ▪ 인덱스는 컴퓨터가 데이터를 구분하기 위해 자동으로 만들어낸 숫자예요. 시리즈의 '값'을 입력하면 '인덱스'는 0부터 1씩 커지는 숫자가 자동으로 생성돼요. ▪ 0번 값은 '구구박사', 1번 값은 '다혜'가 돼요.
데이터프레임 (DataFrame)	열이름(columns) <table><tr><td></td><td>이름</td><td>좋아하는 음식</td><td>좋아하는 취미</td></tr><tr><td>0</td><td>구구박사</td><td>떡볶이</td><td>독서</td></tr><tr><td>1</td><td>다혜</td><td>피자</td><td>산책</td></tr><tr><td>2</td><td>소연</td><td>김치찌개</td><td>음악 감상</td></tr><tr><td>3</td><td>판다</td><td>대나무</td><td>대나무에서 쉬기</td></tr></table>인덱스 ─┘　└─ 값(values) (index) [그림 14-3] 데이터프레임 예시 ▪ 데이터프레임은 시리즈 데이터가 여러 개 모인 것으로 표 형태로 데이터를 정리하는 구조에요. 데이터프레임은 '인덱스', '컬럼', '값'으로 이루어져 있어요. ▪ 데이터프레임의 행과 열은 각각 이름을 가지고 있어요. 행의 이름은 '인덱스', 열의 이름은 '컬럼', 그 안의 데이터들은 '값'이라고 불러요.

그렇다면 시리즈와 데이터프레임을 만드는 방법을 알아볼까요?

1) 시리즈

```
1  import pandas as pd
2  name = pd.Series(['구구박사', '다혜', '소연', '판다'])
3  print(name)
```

```
0    구구박사
1    다혜
2    소연
3    판다
dtype: object
```

㉠ pd.Series([ ])에서 대괄호[ ] 안에 원하는 데이터를 입력해요. 문자 데이터는 따옴표(' ')
안에, 숫자/실수 데이터는 따옴표(' ')를 쓰지 않고 적어요. 데이터를 입력했다면 시리즈의
이름을 name으로 정해요.

㉡ 시리즈 형태로 출력이 되었어요! 출력된 화면에서 아래에 있는 'dtype'은 데이터(값) 형태를
의미해요. dtype이 object라는 것은 자료형이 '문자열'이라는 것을 의미해요.

판다스 자료형	파이썬 자료형	의미
object	string	문자열
float64	float	실수
int64	int	정수

[그림 14-4] Series 만들기

index를 자동이 아닌 수동으로 설정할 수도 있어요. 입력한 데이터 옆에 index 설정을 추가해 보세요.

```
1  import pandas as pd
2  name = pd.Series(['구구박사', '다혜', '소연', '판다'], index=['1번', '2번', '3번', '4번'])
3  print(name)
```

```
1번     구구박사
2번      다혜
3번      소연
4번      판다
dtype: object
```

[그림 14-5] index 추가

2) 데이터프레임

▶ 개념 정리 : 데이터프레임 만들기

(데이터프레임의 이름) = pd.DataFrame({ [   ] })

인덱스 \ 열 이름	A	B
0	데이터1	데이터3
1	데이터2	데이터4

- [   ]는 데이터 세트를 의미해요. 위 표와 같은 데이터프레임을 만들기 위해 [   ]를 아래와 같은 형태로 적어줘요.

  'A' : [데이터 1, 데이터 2....], 'B' : [데이터 3, 데이터4....]

- 각각의 데이터는 대괄호[ ], [   ]는 중괄호{ }로 감싸줘요.

- 데이터프레임의 이름으로 'DataFrame'의 약자인 df를 많이 쓰곤 해요.

* DataFrame의 대문자, 소문자에 주의하세요!

```
1  import pandas as pd
2  df = pd.DataFrame({'성별': ['남', '여'], '나이': [10, 20]})
3  print(df)
```

성별 나이 ◀——— 컬럼(columns)

0 남 10
1 여 20   ◀——— 값(values)

└——— 인덱스(index)

㉠ '성별'에 해당하는 값인 '남, 여'는 문자열이므로 따옴표 ' ' 안에, '나이'에 해당하는 값인 10, 20은 숫자이므로 따옴표를 적지 않아요.

[그림 14-6] DataFrame 만들기

Quiz 1

데이터프레임이 아래와 같이 출력되도록 [그림 14-6] 코드를 수정해보세요.

```
        성별   나이
김판다   남    10
이판다   여    20
```

3 판다스로 데이터 불러오기 및 데이터 살펴보는 방법 알기

지금까지 판다스의 기본 구조를 이해하기 위해 시리즈와 데이터프레임을 직접 만들어 보았어요. 하지만 실제로는 공공데이터 파일을 불러와 데이터프레임 형태로 저장하여 데이터를 분석하는 경우가 많아요.

12장에서 다룬 '8월배달.csv' 파일을 이용하여 판다스로 데이터를 다루는 방법을 공부해보도록 해요.

1) 판다스로 데이터 불러오기

```
   import pandas as pd
㉠ df = pd.read_csv('8월배달.csv', encoding='cp949')
㉡ df
```

	구	동	요일	배달횟수
0	종로구	청운효자동	Fri	89
1	종로구	청운효자동	Mon	96
2	종로구	청운효자동	Sat	106
...	...	...	...	...
2975	강동구	둔촌2동	Tue	223
2976	강동구	둔촌2동	Wed	204

2977 rows × 4 columns

열이름(columns) / 값(values) / 인덱스(index)

㉠ pd.read_csv( ) 함수를 이용하여 csv 파일을 읽어요. 한글이 잘 인식되도록 encoding도 넣어요.

㉡ df를 출력해보아요. '8월배달.csv' 파일이 index, columns, values로 이루어진 데이터프레임으로 출력되었어요.

[그림 14-7] 데이터 불러오기

 구구박사의 데이터 과학 지식 더하기 ·······················

특정 열을 인덱스로 정하는 방법

 [그림 14-7]에서 각 행의 인덱스가 0부터 1씩 커지는 숫자로 생성되었어요. 하지만 index_col이라는 변수를 사용하면 필요한 열을 인덱스로 정할 수 있어요.

예를 들어, 0번째 열인 '구'를 인덱스로 사용하고 싶을 때, 'index_col=0'을 넣어줘요. 이는 index를 0번째 열(col)로 지정하라는 의미에요.

```
1  import pandas as pd
2  df_index = pd.read_csv('8월배달.csv', encoding='cp949', index_col=0)
3  df
```

구	동	요일	배달횟수
종로구	청운효자동	Fri	89
종로구	청운효자동	Mon	96
...	...	...	...
강동구	둔촌2동	Tue	223
강동구	둔촌2동	Wed	204

2977 rows × 3 columns

2) 데이터 살펴보기

이렇게 불러온 데이터를 손쉽게 살펴보는 방법을 알아볼까요?

(1) df. head( )

데이터프레임의 가장 위에 있는 몇 개의 행만 출력해주는 방법이에요. 이 함수를 사용하면 전체 데이터를 출력하지 않아도 데이터의 특성을 살펴볼 수 있어요. 괄호 ( ) 안에 숫자를 입력하지 않으면 맨 위의 5개의 행을 출력하고, 숫자를 입력하면 입력한 숫자의 행만큼 출력이 돼요.

입력창	출력화면				입력창	출력화면			
		구	동	요일 배달횟수			구	동	요일 배달횟수
df.head( )	0	종로구	청운효자동	Fri 89	df.head(2)	0	종로구	청운효자동	Fri 89
	1	종로구	청운효자동	Mon 96		1	종로구	청운효자동	Mon 96
	2	종로구	청운효자동	Sat 106					
	3	종로구	청운효자동	Sun 102					
	4	종로구	청운효자동	Thu 70					

(2) df.shape

데이터프레임의 크기를 행, 열로 알려줘요.

```
1  df.shape
```

(2977, 4) ←——— 이 데이터프레임의 크기는 2977행 4열이네요.

[그림 14-8] df.shape

(3) df.index / df.columns / df.values

데이터프레임의 행, 열, 값의 이름을 확인할 수 있어요.

입력창	출력화면
df.index	<div>`1` `df.index`</div> RangeIndex(start=0, stop=2977, step=1) └─ 0부터 2976까지 1씩 커지는 수를 의미해요.
df.columns	<div>`1` `df.columns`</div> Index(['구', '동', '요일', '배달횟수'], dtype='object')
df.values	<div>`1` `df.values`</div> array([['종로구', '청운효자동', 'Fri', 89], ['종로구', '청운효자동', 'Mon', 96], ['종로구', '청운효자동', 'Sat', 106], ..., ['강동구', '둔촌2동', 'Thu', 169], ['강동구', '둔촌2동', 'Tue', 223], ['강동구', '둔촌2동', 'Wed', 204]], dtype=object)

[그림 14-9] df.index / df.columns / df.values 출력

(4) df.info( )

데이터프레임의 자료형 구조, 빠진 값(결측치) 등의 정보를 확인할 수 있어요.

```
1  df.info()
```

```
<class 'pandas.core.frame.DataFrame'>
RangeIndex: 2977 entries, 0 to 2976
Data columns (total 4 columns):
 #   Column  Non-Null Count  Dtype
---  ------  --------------  -----
 0   구       2977 non-null   object
 1   동       2977 non-null   object
 2   요일      2977 non-null   object
 3   배달횟수    2977 non-null   int64
dtypes: int64(1), object(3)
memory usage: 93.2+ KB
```

[그림 14-10] df.info( ) 출력

이 외에도 데이터의 특성을 살펴볼 수 있는 다양한 방법들이 있어요.

④ 데이터 추출하는 방법 알기

데이터 분석을 잘하기 위해서는 필요한 데이터를 선택하여 추출하는 능력이 필요해요. 데이터를 선택할 때, 열을 단위로 또는 행을 단위로 선택할 수 있어요. 이제 열 단위, 행 단위로 데이터를 선택하는 방법을 알아보아요.

먼저, 판다스로 파일을 읽고 데이터프레임을 만들어요. 이번에는 0번째 열을 인덱스로 정해볼게요.

```
1  import pandas as pd
2  df = pd.read_csv('8월배달.csv', encoding='cp949', index_col=0)
3  df
```

구	동	요일	배달횟수
종로구	청운효자동	Fri	89
종로구	청운효자동	Mon	96
종로구	청운효자동	Sat	106

열 단위 선택 ←

행 단위 선택 ←

[그림 14-11] 데이터 불러오기

1) 열 단위로 데이터 추출하기

▶ 개념 정리 : 열 단위 데이터 추출

df ['열 이름']
추출하고자 하는 열(컬럼)의 이름을 대괄호[ ] 안에 넣어주세요.

'배달횟수' 열을 추출해보아요. '열 이름'에 '배달횟수'를 적고 실행하면, 인덱스인 '구'와 함께 '배달횟수'만 출력되는 것을 확인할 수 있어요.

```
1  df['배달횟수']
```

구	배달횟수
종로구	89
종로구	96
...	...
강동구	223
강동구	204

[그림 14-12] df['배달횟수']

2개 이상의 열을 출력하고 싶다면 어떻게 해야 할까요?

▶ 개념 정리 : 2개 이상의 열 단위 데이터 추출

df [['열 이름1, 열 이름2']]
두 개 이상의 열을 출력하고 싶을 때는 대괄호 두 개를 사용해줘요. 대괄호 두 개 안에 추출하고자 하는 열 이름을 적어주세요.

'요일', '배달횟수' 두 개의 열을 추출하는 코드를 적어보고 실행해보세요.

```
1  df[['요일', '배달횟수']]
```

[그림 14-13] df[['요일', '배달횟수']]

2) 행 단위로 데이터 추출하기

행 단위로 데이터를 추출하기 위해 주로 2가지를 이용해요.

loc	인덱스, 열의 이름을 이용하여 추출
iloc	인덱스, 열의 번호(위치)를 이용하여 추출

(1) loc을 이용하기

> ▶ 개념 정리 : **df.loc**
>
> **df.loc ['인덱스 이름']**
>
> 대괄호[ ] 안에 추출하고자 하는 행의 '인덱스 이름'을 적어주세요.
>
> **df.loc ['인덱스 이름', '열 이름']**
>
> 특정 행의 특정 열을 추출하려면 '인덱스 이름'과 '열 이름'을 같이 적어주세요.

'종로구' 행을 출력해보아요. '인덱스 이름'에 '종로구'를 적고 실행해요.

```
1  df.loc['종로구']
```

구	동	요일	배달횟수
종로구	청운효자동	Fri	89
종로구	청운효자동	Mon	96
...	...	...	...
종로구	숭인2동	Tue	101
종로구	숭인2동	Wed	112

119 rows × 3 columns

[그림 14-14] df.loc['종로구']

이번에는 '종로구' 행의 '배달횟수' 열 데이터만 추출하여 출력 결과를 확인해보세요.

```
1 df.loc['종로구', '배달횟수']
```

```
구
종로구      89
종로구      96
     ...
종로구      101
종로구      112
Name: 배달횟수, Length: 119, dtype: int64
```

[그림 14-15] df.loc['종로구', '배달횟수']

(2) iloc을 이용하기

▶ 개념 정리 : **df.iloc**

df.iloc [인덱스의 번호]

대괄호[ ] 안에 원하는 행의 인덱스 번호를 적어주세요.

df.iloc [인덱스의 번호, 열 번호]

특정 행의 특정 열을 추출하려면 '인덱스 번호'과 '열 번호'를 같이 적어주세요.

	구	0 동	1 요일	2 배달횟수
0	**종로구**	청운효자동	Fri	89
1	**종로구**	청운효자동	Mon	96
2	**종로구**	청운효자동	Sat	106
3	**종로구**	청운효자동	Sun	102

컬럼(열) 번호 ←──── 2

인덱스(행) 번호 ──→ 1

'3번' 행을 출력해보아요. 어떤 값이 출력될까요?

```
1  df.iloc[3]
```

동   청운효자동
요일   Sun
배달횟수   102
Name: 종로구, dtype: object

[그림 14-16] df.iloc[3]

이번에는 '3번' 행의 '요일' 데이터만 추출하여 출력 결과를 확인해보세요.

```
1  df.iloc[3, 1]
```

'Sun'

[그림 14-17] df.iloc[3, 1]

Quiz 2

df.iloc[0, 3]을 출력하면 어떤 데이터가 나올까요?

Hint! [a:b]는 a부터 b-1까지의 정수를 의미했어요.

5 데이터를 그룹으로 묶어 합계 구하기

다음은 우리 학교의 학생 정보예요. 표를
보고 학년별로 학생 수가 총 몇 명인지
구해보세요.

구하기 불편하지 않았나요?

학년별로 학생 수가 정리되어 있으면 표
를 보고 쉽게 정보를 파악할 수 있을 것
같아요. 판다스를 활용하면 그룹별로 데

	학년	성별	학생 수
0	1학년	남	3
1	2학년	여	5
2	3학년	남	4
3	1학년	여	8
4	2학년	남	6
5	4학년	남	4

[그림 14-18] 우리 학교 학생 수

이터들을 쉽게 묶을 수 있어요. 바로 groupby를 사용하면 말이죠!

● groupby( )란?

groupby( )를 사용하면 특정 값을 기준으로 데이터를 그룹으로 묶고 연산을 쉽게 할 수
있어요. 그룹별로 합계, 평균, 최댓값, 최솟값 등을 구하며 다양하게 활용할 수 있지만,
이번 단원에서는 '그룹별 합계'를 구하는 방법만 알아보도록 할게요.

▶ 개념 정리 : df.groupby( )

STEP 1	STEP 2
df.groupby('그룹화할 열 이름')	df.groupby('그룹화할 열 이름').sum()
데이터프레임 df에서 '그룹화할 열 이름'을 기준으로 '그룹'을 묶어요.	'그룹화할 열 이름'을 기준으로 '그룹'을 만들어서 그룹 이름이 같은 값끼리 더해요 (sum).

1) '학년'을 기준으로 묶어 합계 구하기

```
1   df.groupby('학년').sum()
```

[그림 14-19] 학년별 합계 구하기

표를 살펴보면 1학년에 해당하는 행은 2개, 2학년은 2개, 3학년은 1개, 4학년은 1개가 있어요. 예를 들어, 1학년을 살펴보아요. 0번 행(1학년)의 3명과 3번 행(1학년)의 8명을 묶어 '1학년: 11명'으로 나오도록 [그림 14-19]와 같이 코드를 입력해요.

[그림 14-20] '학년'을 기준으로 묶기 > 합계 출력 결과

2) '성별'을 기준으로 묶어 합계 구하기

```
1   df.groupby('성별').sum()
```

[그림 14-21] 성별 합계 구하기

이번에도 마찬가지로 '성별'을 기준으로 그룹을 묶고 각각의 합계를 구하는 코드를 출력하면, '학생 수'가 성별에 맞게 더해져요.

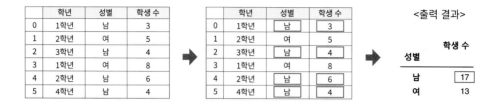

[그림 14-22] '성별'을 기준으로 묶기 > 합계 출력 결과

그룹이 알맞게 묶여 계산되었나요? 총 남학생 수가 총 3+4+6+4=17명으로 잘 출력되었어요.

MEMO

15장 달달한 탕후루, 내가 만약 탕후루 가게 사장이라면?

여러분은 탕후루를 즐겨 먹나요? 달콤한 설탕 코팅 속 과일을 깨물 때의 행복함이란! 이런 탕후루의 매력 때문에 탕후루의 종류가 계속 늘어나고 있죠. 그런데 여러분들이 사는 곳 주변에는 탕후루 가게가 있나요? 없다면 집 주변에 탕후루 가게가 생겼으면 좋겠다는 생각을 한 적이 있나요?

이번 장에서는 만약 여러분들이 탕후루 가게 사장이 된다면 어느 지역에 가게를 만들고 싶은지 생각해 보아요.

 이번 장에서는 무엇을 배울까요?

- 판다스의 기초 개념을 활용하여 데이터를 다룰 수 있어요.
- '서울시 인구의 연령대별 비율'을 원그래프로 나타낼 수 있어요.
- 탕후루 가게를 만들면 좋을 지역을 생각하여 글로 쓸 수 있어요

① 문제 인식하기

나... 요새 매일 탕후루가 머릿속에 떠올라. 그런데 우리 집 근처에는 마땅히 먹을 곳이
없어ㅠㅠ 너희 집 주변에는 탕후루 가게가 많은 편이야?

아니... 탕후루가 먹고 싶은데 주변에 없어서 집에서 만들어 먹다가 화상을 입을뻔 했어!

헉... 나도 그런 경험 있어.
왜 우리 집 근처에는 탕후루 가게가 없는 걸까?

음, 아무래도 단 음식은 젊은 사람들이 좋아하니까 젊은 사람들이 많은 곳에 있으려나?

오! 그럴 수도 있겠다.
내가 만약 탕후루 가게 사장이라도 그런 곳에 만들 것 같아!

구구박사의 데이터 과학 지식 더하기 ·······························

탕후루 관련 설문조사

한 설문조사 기관에서 전국의 남녀 2,555명을 대상으로 탕후루를 얼마나 자주 먹는지, 앞으로
먹을 의향이 있는지에 대한 설문조사를 진행했어요. 그 결과를 한번 같이 살펴볼까요?

[그림 15-1] 탕후루 취식 경험

탕후루 취식 빈도 (단일 응답)

	전체	10대	20대	30대	40대	50대 이상
주 5회 이상	1.9	2.5	4.5	1.7	0.2	1.3
주 3~4회	4.3	3.3	5.0	5.7	3.5	2.6
주 1~2회	13.1	8.3	15.9	13.3	12.7	11.5
한 달에 몇 번	37.8	48.8	37.0	33.2	40.7	35.7
딱 1번만 먹어봄	42.9	37.2	37.6	46.2	42.8	48.9

[그림 15-2] 탕후루 취식 빈도

탕후루 취식 의향 (4점 척도)

	전체	10대	20대	30대	40대	50대 이상
전혀 없다	13.7	10.0	10.6	18.6	12.4	13.7
없는 편이다	27.5	17.8	23.7	30.1	31.7	25.9
있는 편이다	48.2	53.9	51.9	43.1	47.2	50.2
매우 있다	10.6	18.3	13.9	8.2	8.7	10.2
전혀 없다 + 없는 편이다	41.2	27.8	34.3	48.7	44.1	39.6
있는 편이다 + 매우 있다	58.8	72.2	65.8	51.3	55.9	60.4

[그림 15-3] 탕후루 취식 의향

 탕후루를 취식한 경험은 주로 20대가 많은 편이고, 앞으로의 취식 의향은 10대, 20대가 많아 보이네요.
젊은 사람들이 탕후루를 좋아할 것 같다던 다혜의 말이 맞았어요!

출처) KIWI SURVEY

● 문제 해결 계획하기

(1) 우리가 해결해야 하는 문제는 무엇인가요?

> 해결할 문제

(2) 문제 해결을 위해 어떤 데이터가 필요할까요?

> 필요한 데이터

'어떤 지역에 탕후루 가게를 만들까?'라는 문제를 해결하기 위해 어떤 데이터가 필요할지 생각해보아요. 아무래도 설문 조사 결과에 따라 10대~20대 인구가 많은 지역에 세우면 좋을 것 같네요!

그렇다면 '연령대별 인구수' 데이터가 필요하겠어요. 우리나라 전 지역을 조사하면 물론 좋겠지만, 데이터가 방대해지니 '서울시의 연령대별 인구수'를 대표로 데이터 분석을 해보도록 해요.

1) 서울시 지역의 연령대별 인구수 데이터를 구하기 위해 '행정안전부' 누리집에서 제공하는 공공데이터를 내려받을 거예요. 검색창에 '행정안전부' 또는 주소창에 https://www.mois.go.kr 을 입력해요.

2) 메뉴에서 '정책자료'를 누르고, 여러 하위 메뉴 중 '통계'를 선택해요. 그리고 통계 메뉴에 있는 '주민등록 인구통계'로 들어가요.

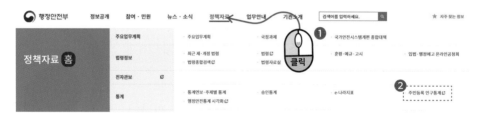

[그림 15-4] 정책자료 > 통계 > 주민등록 인구통계

3) 주민등록 인구통계에서는 우리나라 각 지역의 연령대별 인구수 통계를 제공하고 있어요. 그중 '서울시의 2023년 10월 인구수'만 내려받도록 할게요.

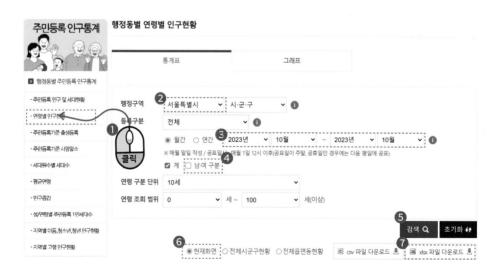

❶ 주민등록 인구통계의 '연령별 인구현황'을 선택해요.

❷ 행정구역을 '서울특별시'로 선택해요.

❸ 조회기간은 '2023년 10월~2023년 10월'로 선택해요.

❹ '남·여 구분'은 체크 해제해주세요.

❺ 조건을 모두 설정했다면, '검색' 버튼을 눌러 데이터를 확인해보세요.

❻❼ '현재화면'을 선택하고, 'xlsx파일 다운로드'를 눌러 데이터 파일을 내려받아 주세요.

[그림 15-5] 연령별 인구현황 xlsx 파일 내려받기

1. 책 앞의 홈페이지 접속

2. '자료실' 클릭

3. '202310인구.csv' 파일 내려받기

4. 내려받은 파일이 '다운로드(Downloads)' 폴더에 있는지 확인하기

데이터 출처) 행정안전부

	A	B	C	D	E
1	행정기관	총인구수	연령구간	0~9세	10~19세
2	종로구	139606	139606	6007	9781
3	중구	121300	121300	5695	6189
4	용산구	215397	215397	11296	13785
5	성동구	278035	278035	17117	17968
6	광진구	336294	336294	15442	23971
7	동대문구	341521	341521	18395	22867
8	중랑구	382390	382390	19293	24062
9	성북구	426892	426892	24367	35360
10	강북구	289372	289372	11811	19324
11	도봉구	307470	307470	14401	22547

[그림 15-6] 202310인구.csv

* 이 방법으로 내려받은 파일은 데이터 수집하기 및 데이터 다듬기 과정을 거친 것이에요.

③ 데이터 다듬기

1) 어떤 데이터가 필요할까?

탕후루 가게를 세울 지역을 알아보기 위해 우리가 수집한 데이터는 무엇인가요?

수집한 데이터	

우리가 수집한 데이터는 '2023년 10월 서울시 연령대별 인구'예요. 데이터 테이블에 우리에게 필요한 데이터도 있지만 필요하지 않은 데이터도 있어요. 우리에게 필요한 데이터와 필요하지 않은 데이터를 구분해보세요.

필요한 데이터	필요하지 않은 데이터

2) 필요하지 않은 데이터 삭제하기

데이터 분석에 필요하지 않은 1행~3행과 A열은 삭제해요.

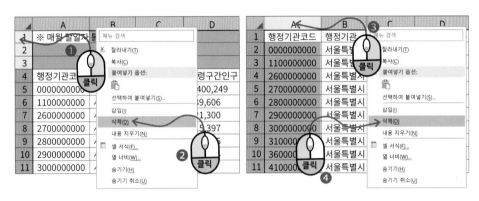

[그림 15-7] 1~3행 삭제　　　　　　　　　　　[그림 15-8] A열 삭제

서울특별시 안에 있는 지역별 인구 비율을 비교할 것이므로 서울특별시 전체를 나타내는 2행도 삭제해요.

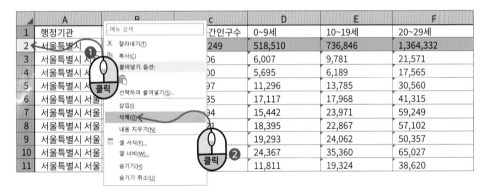

[그림 15-9] 2행 삭제

	A	B	C	D	E	F
1	행정기관	총 인구수	연령구간인구수	0~9세	10~19세	20~29세
2	서울특별시 서울	139,606	139,606	6,007	9,781	21,571
3	서울특별시 서울	121,300	121,300	5,695	6,189	17,565
4	서울특별시 서울	215,397	215,397	11,296	13,785	30,560

[그림 15-10] 필요하지 않은 데이터 삭제 완료

3) 행과 열의 이름을 간단하게 나타내기

각 행의 이름을 살펴볼까요? 행정기관의 이름이 길어서 데이터를 처리할 때 복잡할 것 같아요. 행 이름을 간단하게 만들어요.

	A	B	C	D	E	F
1	행정기관	총 인구수	연령구간인구수	0~9세	10~19세	20~29세
2	서울특별시 서울	139,606	139,606	6,007	9,781	21,571
3	서울특별시 서울	121,300	121,300	5,695	6,189	17,565
4	서울특별시 서울	215,397	215,397	11,296	13,785	30,560
5	서울특별시 서울	278,035	278,035	17,117	17,968	41,315
6	서울특별시 서울	336,294	336,294	15,442	23,971	59,249
7	서울특별시 서울	341,521	341,521	18,395	22,867	57,102

[그림 15-11] 행 이름 살펴보기

'서울특별시 서울특별시 ○○구'를 '○○구'로 바꾸려고 해요. 예를 들어 '서울특별시 서울특별시 종로구'는 '종로구'가 되죠.

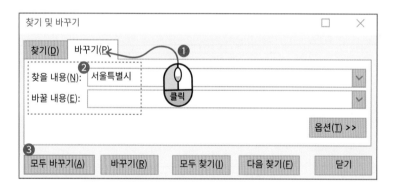

❶ Ctrl + F 를 눌러 '찾기 및 바꾸기'를 실행하고, '바꾸기'를 선택해요.

❷ 찾을 내용에는 '서울특별시 ', 바꿀 내용에는 아무것도 입력하지 않고, '모두 바꾸기'를 눌러요.

** '서울특별시 '에는 띄어쓰기가 포함된 것에 주의하세요! ('서울특별시' (X) , '서울특별시 ' (O))

[그림 15-12] '서울특별시 ' 모두 바꾸기

	A	B	C	D	E	F
1	행정기관	총 인구수	연령구간인구수	0~9세	10~19세	20~29세
2	종로구	139,606	139,606	6,007	9,781	21,571
3	중구	121,300	121,300	5,695	6,189	17,565
4	용산구	215,397	215,397	11,296	13,785	30,560
5	성동구	278,035	278,035	17,117	17,968	41,315
6	광진구	336,294	336,294	15,442	23,971	59,249
7	동대문구	341,521	341,521	18,395	22,867	57,102

[그림 15-13] 행의 이름 간단하게 바꾸기 완료

4) 데이터 서식 바꾸기

먼저, 텍스트 형식인 인구수를 숫자 형식으로 변환해줘요. 인구수가 있는 모든 행, 열을
선택하면 ❶번과 같은 느낌표가 나타나요. 느낌표를 눌러 '숫자로 변환'을 선택해요.

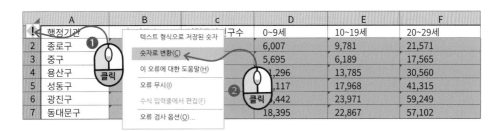

[그림 15-14] 텍스트 형식을 숫자로 변환

	A	B	C	D	E	F
1	행정기관	총 인구수	연령구간인구수	0~9세	10~19세	20~29세
2	종로구	139,606	139,606	6,007	9,781	21,571
3	중구	121,300	121,300	5,695	6,189	17,565
4	용산구	215,397	215,397	11,296	13,785	30,560
5	성동구	278,035	278,035	17,117	17,968	41,315
6	광진구	336,294	336,294	15,442	23,971	59,249
7	동대문구	341,521	341,521	18,395	22,867	57,102

[그림 15-15] 숫자 변환 완료

숫자로 변환된 인구수 데이터를 살펴보니 천(1000) 단위마다 콤마(,)가 있어요. 셀 서식 변경을 통해 콤마를 제거해줘요. 인구수가 있는 행, 열 전체를 선택해요. 마우스의 오른쪽 버튼을 눌러 셀 서식을 선택하고, '숫자'로 들어가요. '1000단위 구분 기호(,) 사용'의 체크 표시를 지우고, 확인 버튼을 눌러요.

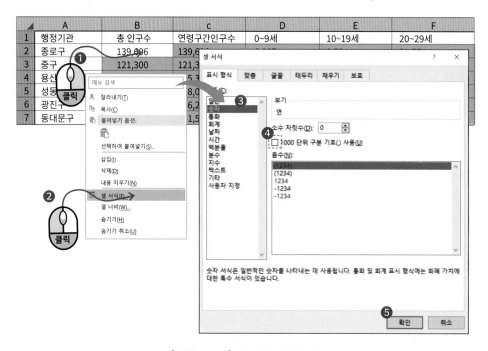

[그림 15-16] 셀 서식 변경하기

	A	B	C	D	E	F	G	H	I
1	행정기관	총 인구수	연령구간인구수	0~9세	10~19세	20~29세	30~39세	40~49세	50~59세
2	종로구	139606	139606	6007	9781	21571	19312	19264	23870
3	중구	121300	121300	5695	6189	17565	20771	16789	19070
4	용산구	215397	215397	11296	13785	30560	37728	31667	34598
5	성동구	278035	278035	17117	17968	41315	45592	41134	44355
6	광진구	336294	336294	15442	23971	59249	55004	48412	52935
7	동대문구	341521	341521	18395	22867	57102	49380	48835	52313

[그림 15-17] 데이터 다듬기 완료

5) 파일 저장하기

'파일' 메뉴를 선택하여. '다른 이름으로 저장'을 누르세요. 저장 위치를 '다운로드' 폴더로 선택하고, 파일 이름에 '202310인구'를 입력해요. 파일 형식을 'CSV (쉼표로 분리)(*.csv)'로 선택하고, 저장 버튼을 눌러요.

* 내려받았던 엑셀 형식 그대로 저장하지 않도록 주의해요!

'어떤 곳에 탕후루 가게를 만들면 좋을지' 알아보기 위해 10, 20대 인구 비율이 높은 지역을 찾아보려 해요. 어떤 그래프로 데이터를 시각화하면 좋을까요?

서울시 각 지역의 연령대별 인구 비율을 한눈에 알아볼 수 있는 비율 그래프가 필요해요. 이번 장에서는 원그래프를 이용해 연령대별 인구 비율을 분석해봐요.

1) 판다스로 데이터 읽기 및 준비하기

그래프를 그릴 수 있는 matplotlib 라이브러리와 pandas 라이브러리를 불러와요. 또한 '행정기관'을 인덱스로 정해주는 index_col 변수를 넣어줘요.

```
1  import matplotlib.pyplot as plt
2  import pandas as pd
3  df = pd.read_csv('202310인구.csv', encoding='cp949', index_col=0)
```

[그림 15-18] 판다스로 데이터 읽기

2) '50세 이상' 열 생성하기

50세 이상의 인구수를 더하여 '50세 이상'이라는 새로운 열을 만들어요.

```
㉠1  df['50세 이상'] = df.iloc[:, 7:].sum(axis=1)
㉡2  df.head(2)
```

[그림 15-19] '50세 이상' 열 만들기

	총인구수	연령구간인구수	0~9세	10~19세	20~29세	30~39세	40~49세	50~59세	60~69세	70~79세	80~89세	90~99세	100세 이상
종로구	139606	139606	6007	9781	21571	19312	19264	23870	20697	11480	6634	954	36
중구	121300	121300	5695	6189	17565	20771	16789	19070	18264	10495	5555	881	26

0번 열 → 총인구수 / 7번 열 → 50~59세

[그림 15-20] df 구조

㉠ 다음 코드를 차근차근 읽어보아요.

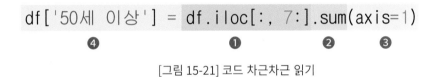

[그림 15-21] 코드 차근차근 읽기

❶ 전체 행에 대한 7번 열(50~59세)부터 끝 번호 열까지의 데이터를 추출해요.

df.iloc[: , 7:] ———— 7번 열 이후의 데이터 가져오기
         └──────── 전체 행에 대한

❷ 추출한 데이터의 값들을 더해요.

❸ 열 방향으로 더해요.

행정기관별로 '50~59세, 60~69세, 70~79세, 80~89세, 90~99세, 100세 이상'의 인구수를 모두 더하여 '50세 이상'이라는 하나의 새로운 열을 만들려고 해요. 따라서 axis를 1로 정하면 되겠죠?

행정기관	50~59세	60~69세	70~79세	80~89세	90~99세	100세 이상
종로구	23870	20697	11480	6634	954	36
중구	19070	18264	10495	5555	881	26

axis = 1, 왼쪽에서 오른쪽(열 방향)
axis = 0, 위에서 아래(행 방향)

[그림 15-22] 열 방향 더하기

❹ df ['새로운 열이름']의 대괄호 [ ] 안에 '50세 이상'을 입력하여 열의 이름을 정해요.

ⓛ df.head(2)를 이용하여 새로운 열이 잘 생성되었는지 확인해주세요.

```
1  df['50세 이상'] = df.iloc[:, 7:].sum(axis=1)
2  df.head(2)
```

행정기관	총인구수	연령구간인구수	0~9세	10~19세	20~29세	30~39세	40~49세	50~59세	60~69세	70~79세	80~89세	90~99세	100세 이상	50세 이상
종로구	139606	139606	6007	9781	21571	19312	19264	23870	20697	11480	6634	954	36	63671
중구	121300	121300	5695	6189	17565	20771	16789	19070	18264	10495	5555	881	26	54291

[그림 15-23] 새로운 열 생성 후, 확인하기

  구구박사의 데이터과학 생각 더하기 ···

50세 이상?

탕후루 설문 조사 내용을 다시 살펴볼까요? 이 설문 조사의 대상은 '10대, 20대, 30대, 40대, 50대 이상'으로 구분되어 있어요. 우리가 가지고 있는 데이터의 연령대와는 다르죠. 데이터 분석이 더 편리하도록 데이터의 연령대를 설문 조사 대상과 같게 변경해요.

탕후루 취식 의향 (4점 척도) KiwiSurvey

	전체	10대	20대	30대	40대	50대 이상
전혀 없다	13.7	10.0	10.6	18.6	12.4	13.7
없는 편이다	27.5	17.8	23.7	30.1	31.7	25.9
있는 편이다	48.2	53.9	51.9	43.1	47.2	50.2
매우 있다	10.6	18.3	13.9	8.2	8.7	10.2
전혀 없다 + 없는 편이다	41.2	27.8	34.3	48.7	44.1	39.6
있는 편이다 + 매우 있다	58.8	72.2	65.8	51.3	55.9	60.4

 10대~40대의 인구수는 각각 구분되어 있으므로 50세 이상의 인구수를 더해 '50세 이상'의 열만 새로 만들어요.

3) 필요 없는 열 삭제

이제 ☐☐☐☐☐의 열은 모두 필요 없어졌어요. 이 열들을 삭제해요.

```
㉠1  df = df.drop(columns=df.iloc[:, 7:13])
㉡2  df.head(2)
```

행정기관	총인구수	연령구간인구수	0~9세	10~19세	20~29세	30~39세	40~49세	50~59세	60~69세	70~79세	80~89세	90~99세	100세 이상	50세 이상
종로구	139606	139606	6007	9781	21571	19312	19264	23870	20697	11480	6634	954	36	63671
중구	121300	121300	5695	6189	17565	20771	16789	19070	18264	10495	5555	881	26	54291

㉠ 다음 코드를 차근차근 읽어보아요.

df = df.drop(columns=df.iloc[:, 7:13])
❶   ❷   ❸

❶ df를 오른쪽의 데이터로 새로 정해줘요.

❷ df.drop( ) : 필요 없는 행이나 열을 삭제할 수 있어요.

　　df.drop(columns=☐) : ☐ 안에 삭제하고자 하는 열을 넣어줘요.

❸ 전체 행에 대해서 7번 열(50-59세)부터 12번 열(100세 이상)까지 삭제해요.

[그림 15-24] 필요 없는 열 삭제

㉡ df.head(2)를 이용하여 필요 없는 열이 잘 삭제되었는지 확인해주세요.

행정기관	총인구수	연령구간인구수	0~9세	10~19세	20~29세	30~39세	40~49세	50세 이상
종로구	139606	139606	6007	9781	21571	19312	19264	63671
중구	121300	121300	5695	6189	17565	20771	16789	54291

[그림 15-25] 필요 없는 열 삭제 후, 확인하기

그래프를 그리기 전 필요한 데이터를 생각해봐요. 우리가 그릴 원그래프는 아래와 같아요.

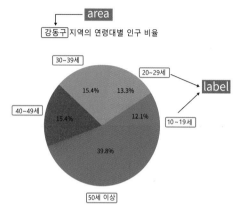

1. 원그래프의 제목을 '00구 지역의 연령대별 인구 비율'로 정하려 해요. 모든 행정기관을 바꿔 입력할 수 없기에 변수를 활용해요. 이때 변수에 넣을 행정기관의 이름 데이터가 필요하겠어요.

2. 설문조사의 대상과 동일하게, 원그래프의 라벨도 10~19세, 20~29세, 30~39세, 40~49세, 50세 이상으로 만들어주어요. 따라서 연령대 데이터도 필요하겠네요.

[그림 15-26] 원그래프 예시

4) 필요한 데이터만 선택하여 저장하기

```
㉠1  area = df.index
㉡2  label = df.columns[3:]
 3  print(area)
 4  print(label)
```

	총인구수	연령구간인구수	0~9세	10~19세	20~29세	30~39세	40~49세	50세 이상
행정기관								
종로구	139606	139606	6007	9781	21571	19312	19264	63671
중구	121300	121300	5695	6189	17565	20771	16789	54291

[그림 15-27] 필요한 데이터 저장   [그림 15-28] df 구조

㉠ '행정기관의 이름'은 df의 index에요. 따라서 df.index를 변수 area에 저장해요.
㉡ 3번 열(10-19세)부터 마지막 열까지를 변수 label에 저장해요.

area와 label을 출력했을 때 필요한 데이터들이 각각 저장된 것을 확인할 수 있어요.

```
Index(['종로구', '중구', '용산구', '성동구', '광진구', '동대문구', '중랑구', '성북구', '강북구', '도봉구',
       '노원구', '은평구', '서대문구', '마포구', '양천구', '강서구', '구로구', '금천구', '영등포구', '동작구',
       '관악구', '서초구', '강남구', '송파구', '강동구'],
      dtype='object', name='행정구역')
Index(['10~19세', '20~29세', '30~39세', '40~49세', '50세 이상'], dtype='object')
```

[그림 15-29] 출력 결과

5) 원그래프로 나타내기

각 행정기관의 연령대별 인구 비율을 원그래프로 나타내 볼까요?

```
ㄱ 1  for i in range(0, 25):
    2      plt.rc('font',family='Malgun Gothic')
ㄴ 3      plt.pie(df.iloc[i, 3:], labels=label, autopct='%.1f%%')
ㄷ 4      plt.title(area[i]+' 지역의 연령대별 인구 비율')
ㄹ 5      plt.axis('equal')
ㅁ 6      plt.savefig(area[i]+' 지역의 연령대별 인구 비율'+'.png')
    7      plt.show()
```

ㄱ i가 0부터 24가 될 때까지 아래 코드를 반복해요. 행정기관을 담은 area에는 총 25개의 지역이
  있어요. area[0]은 '종로구', area[1]은 '중구' ....., area[24]는 '강동구'가 돼요.

ㄴ 각 행정기관의 연령대별 비율을 원그래프로 나타내는 코드에요.

행정기관	총인구수	연령구간인구수	0~9세	10~19세	20~29세	30~39세	40~49세	50세 이상	
종로구	139606	139606	6007	9781	21571	19312	19264	63671	➡ i=0
중구	121300	121300	5695	6189	17565	20771	16789	54291	➡ i=1

예를 들어, i가 0일 때를 살펴보아요. df[0, 3:]은 0번 행(종로구)의 3번 열(10~19세)부터 마지막
열(50세 이상)까지를 의미해요. 따라서 종로구의 10세부터의 인구 비율 그래프를 그리죠.
이 과정을 i가 24가 될 때까지 반복하며 모든 행정기관의 인구 비율 그래프를 그려요.
labels는 앞에서 정한 label 리스트로 정해줘요.
autopct(비율)은 소수 첫 번째 자리까지 나타내요.

ㄷ 그래프의 제목을 붙여요. 예를 들어, i가 0일 때 area[0]은 '종로구'이므로
  제목은 '종로구 지역의 연령대별 인구 비율'이 돼요.

ㄹ 원그래프의 원을 정확한 원으로 만드는 코드에요.

ㅁ 만들어진 원그래프를 png 그림 파일 형식으로 저장해요.
  '그림 파일의 제목' + '그림 파일 형식(png, jpg 등)'의 방법으로 작성해요.

[그림 15-30] 원그래프 나타내기

6) 완성 코드

```
1  import matplotlib.pyplot as plt
2  import pandas as pd
3  df = pd.read_csv('202310인구.csv', encoding='cp949', index_col=0)
4
5  df['50세 이상'] = df.iloc[:, 7:].sum(axis=1)
6  df = df.drop(columns=df.iloc[:, 7:13])
7
8  area = df.index
9  label = df.columns[3:]
10
11 for i in range(0, 25):
12     plt.rc('font',family='Malgun Gothic')
13     plt.pie(df.iloc[i, 3:], labels=label, autopct='%.1f%%')
14     plt.title(area[i]+' 지역의 연령대별 인구 비율')
15     plt.axis('equal')
16     plt.savefig(area[i]+' 지역의 연령대별 인구 비율'+'.png')
17     plt.show()
```

[그림 15-31] '○ 지역의 연령대별 인구 비율' 완성 코드

7) '○ 지역의 연령대별 인구 비율' 원그래프 완성!

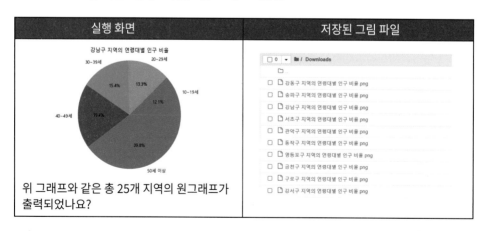

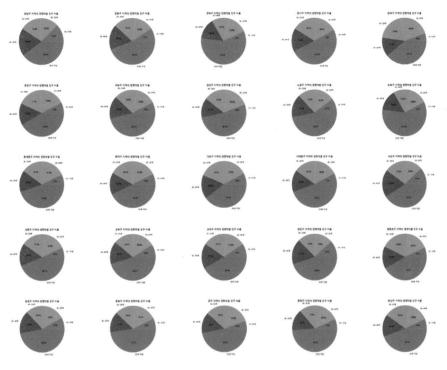

[그림 15-32] 'O 지역의 연령대별 인구 비율'.png

* 그래프가 많으니 직접 출력하여 데이터를 분석해보세요.

5 데이터 분석하기

'서울시 각 행정기관의 연령대별 인구수' 데이터를 원그래프로 시각화해보았어요. 시각
화한 그래프를 분석하여 아래 표에 답을 채워보세요.

10대 인구 비율이 가장 높은 행정기관	
20대 인구 비율이 가장 높은 행정기관	

시각화한 그래프와 설문 조사 결과를 참고하여 이번 장의 문제를 해결해 볼까요?

내가 만약 탕후루 가게 사장이라면 (   )대 인구 비율이 높은 곳을 공략할

것이다!

왜냐하면 _____ 때문이다.

따라서 (   )대 인구 비율이 높은 곳인 서울시 (   )구에 탕후루

가게를 차릴 것이다.

7 비판적 시각으로 데이터 바라보기

여러분도 알다시피 우리나라는 ○○시 ○○구 ○○동(또는 ○○읍, 면)까지 이루어져 있어요. 즉, 같은 구일지라도 무슨 동인지에 따라 인구 비율은 달라질 수 있어요. 이번 장에서는 서울시의 ○○구까지의 인구 비율만 분석했지만, 여러분들이 '행정안전부' 홈페이지에서 '읍면동'까지 나와 있는 데이터를 내려받아 분석해본다면 더욱 의미 있는 결과를 얻을 수 있겠죠?

또는 서울시가 아닌 여러분들이 살고 있는 지역으로 데이터를 분석해보세요!

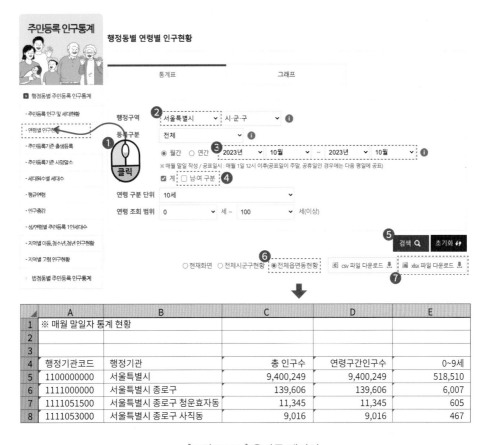

[그림 15-33] 읍면동 데이터

8 한 단계! 업그레이드! (원그래프의 explode 속성)

여러분들이 20대 인구 비율이 높은 곳에 탕후루 가게를 세운다고 하면, 20대 데이터가 가장 중요하겠죠? 이럴 때 explode 속성을 활용하여 20대 인구 비율을 눈에 띄게 돌출되도록 할 수 있어요.

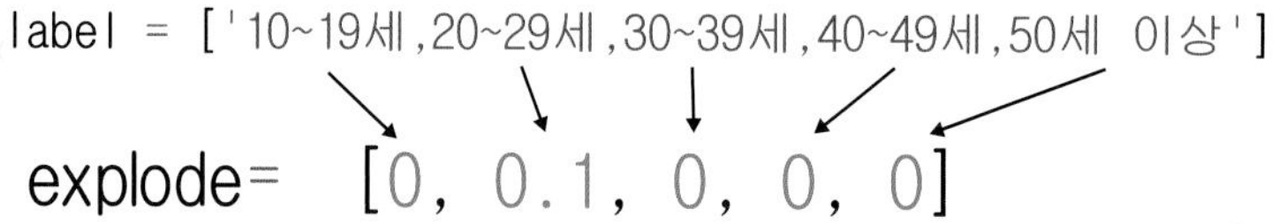

label = ['10~19세,20~29세,30~39세,40~49세,50세 이상']
explode= [0, 0.1, 0, 0, 0]

[그림 15-34] explode 속성

explode는 원그래프의 각 조각이 원의 중심에서 얼마만큼 튀어나오는지 정하고 싶을 때 사용해요. 0은 원의 중심에서 튀어나오지 않은 것을 의미하고, 숫자가 커질수록 조각이 원의 중심에서 점점 멀어져요. 이때 데이터의 개수와 explode 값의 개수가 일치해야 해요.

20~29세에 해당하는 칸만 튀어나오도록 explode 값을 '0.1'로 설정해보아요.

```
explode = [0, 0.1, 0, 0, 0]
for i in range(0, 25):
    plt.rc('font',family='Malgun Gothic')
    plt.pie(df.iloc[i, 3:], labels=label, autopct='%.1f%%', explode=explode)
    plt.title(area[i]+' 지역의 연령대별 인구 비율')
    plt.axis('equal')
    plt.show()
```

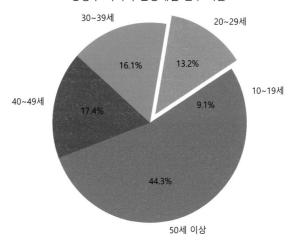

[그림 15-35] explode 지정 후, 출력

원하는 부분의 비율이 잘 보여요.
explode는 그래프를 편하게 볼 수 있도록 도와주네요~

16장 사람들은 해외여행을 어디로 많이 갈까?

PYTHON

해외로 가족여행을 간다면 어디로 가고 싶나요? 여행 계획을 세우다 보면 어떤 나라로 다녀와야 할지 고민이 되곤 하죠. 우리나라 사람들이 많이 찾는 곳을 갈지 아니면 적은 곳을 갈지, 각각의 장단점이 있으니 여행지를 정하는 것은 항상 딜레마인 것 같아요.

이번 장에서는 우리나라 사람들이 해외여행으로 많이 가는 지역을 알아보고, 가족과 어디로 가면 좋을지 생각해보도록 해요!

이번 장에서는 무엇을 배울까요?

● pandas를 활용하여 '최근 10년간 우리나라 사람들이 많이 찾는 해외여행지'를 막대그래프로 나타낼 수 있어요.

● pandas를 활용하여 'ㅇ월에 많이 가는 여행지'를 원그래프로 나타낼 수 있어요

① 문제 인식하기

 다혜야! 1월에 가족들과 해외여행을 가려고 하는데 어디로 가면 좋을까?

음... 1월이면 눈이 많이 쌓여서 예쁜 삿포로?!

 맞아! 거기 눈이 내 키만큼 쌓이는 걸 본 적이 있어.
엄마, 아빠한테 이야기 해봐야지~

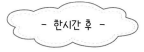
― 한시간 후 ―

 부모님도 좋다고 하셔서 비행기 가격을 알아봤는데 엄청 비싼 것 있지?!

하긴 ,,, 삿포로는 겨울에 많이 가니까 그런가봐... ㅠㅠ

 흠.. 너무 고민된다!
우리나라 사람들은 해외 여행을 어디로 많이 다니는지 알아보고 싶어졌어!

● 문제 해결 계획하기

(1) 우리가 해결해야 하는 문제는 무엇인가요?

해결할 문제

(2) 문제 해결을 위해 어떤 데이터가 필요할까요?

필요한 데이터

'우리나라 사람들이 많이 찾는 해외여행지'를 알아보기 위해 어떤 데이터가 필요한지 생각해보아요.

어떤 해외여행지를 많이 가는지는 여행객 수로 확인할 수 있겠네요. 이번 장에서는 '해외여행지별 여행객 수 데이터'를 활용해보아요.

② 데이터 수집하기

1) 해외여행지별 여행객 수가 담긴 데이터를 구하기 위해 '국가통계포털' 누리집에서 제공하는 공공데이터를 내려받을 거예요

국가통계포털 : https://kosis.kr/

[그림 16-1] 국가통계포털 메인 화면

2) 검색창에 해외로 가는 항공 노선을 의미하는 '국제선'을 입력하고, 돋보기(검색) 버튼을 선택해요.

[그림 16-2] 검색창 '국제선' 입력 > 검색

3) 화면을 내리면 보이는 통계표에는 국제선과 관련된 다양한 통계들이 제시되어 있어요. 그중 '국제선 지역별 통계'를 선택해요.

[그림 16-3] 통계표 > '국제선 지역별 통계'

4) 아래와 같은 화면이 나왔다면 여기까지 잘 따라왔어요. 우리는 최근 10년간 해외여행객 수를 분석하려고 해요. 그런데 [그림 16-4]에는 최근 3개월의 통계만 나와 있네요. 왼쪽 위에 보이는 '시점'을 선택해요.

[그림 16-4] '시점' 선택

5) 시점을 누르면 최근 5년, 최근 10년 또는 필요한 날의 통계만 선택하여 볼 수 있어요. '최근 10년, 매월'을 선택하고, '적용' 버튼을 누르세요.

[그림 16-5] 시점 '최근 10년', '매월' > 적용

6) 최근 10년간의 국제선 통계가 조회되었어요. 통계표를 살펴봐요. 어떤 데이터들이 있나요?

각 행에는 해외여행지들이, 각 열에는 운항, 여객, 화물, 계, 도착, 출발 데이터들이 있네요. 이 중 우리에게 필요한 데이터만 선택하여 조회하려고 해요. 오른쪽 위에 있는 '조회설정'을 선택해주세요.

[그림 16-6] '조회설정' 선택

7) 항목에 들어가면, '운항, 여객, 화물'로 나뉘어 있어요. 우리는 여행객 수만 알면 되므로 '여객'을 선택해주세요. 다음으로 도착출발별 중 우리는 한국에서 다른 해외여행지로 가는 여행객 수만 분석하기 때문에 '출발'만 선택해주세요. 두 가지 설정을 완료했다면 '조회'를 눌러요.

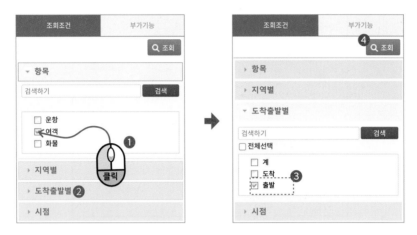

[그림 16-7] 항목 '여객' > 도착출발별 '출발' > 조회

8) 데이터 분석을 하기 편하도록 통계표 바로 위의 '행렬전환'을 눌러 행, 열 항목을 변경하도록 해요. 왼쪽에 있는 '지역별'을 드래그하여 [그림 16-8]과 같이 위쪽으로 옮겨요.

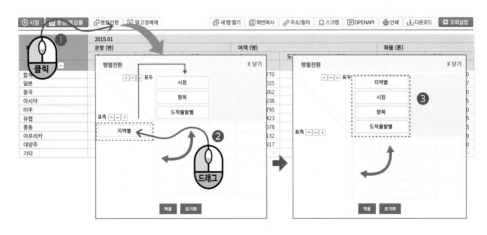

[그림 16-8] 지역별 데이터 행렬전환

9) 마찬가지로 위쪽에 있는 '시점'을 드래그하여 [그림 16-9]와 같이 왼쪽으로 옮겨주세요. 다 옮긴 뒤 '적용' 버튼을 눌러줘요.

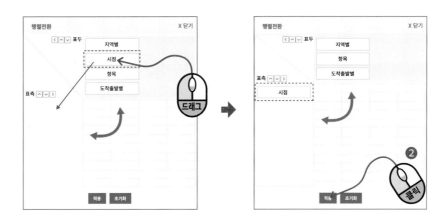

[그림 16-9] 시점 데이터 행렬전환

| 시점 | 합계 | 일본 | 중국 | 아시아 | 미주 |
| | 여객 (명) | 여객 (명) | 여객 (명) | 여객 (명) | 여객 (명) |
	출발	출발	출발	출발	출발
2014.01	2,373,831	492,732	484,501	917,657	188,447
2014.02	2,133,838	429,773	523,628	804,373	137,412
2014.03	2,107,383	487,982	500,741	708,200	162,458
2014.04	2,215,142	408,801	642,018	732,026	168,086
2014.05	2,223,083	414,947	660,414	688,652	181,419
2014.06	2,301,742	417,679	686,508	713,043	193,773
2014.07	2,615,516	461,133	800,375	822,436	217,548
2014.08	2,826,225	500,766	914,285	866,776	228,220
2014.09	2,366,300	454,330	723,439	701,641	188,437
2014.10	2,553,659	472,389	775,020	840,209	171,512

[그림 16-10] 행렬전환 후 데이터 조회하기

10) 나머지는 파일을 내려받은 후에 데이터를 다듬어주도록 할게요. 오른쪽 위에 있는 '다운로드' 버튼을 누르고, 파일 형태를 '엑셀(.xlsx)' 파일로 선택해요. '셀 병합'은 해제하여 다시 한번 다운로드 버튼을 눌러 데이터를 내려받아 보세요.

[그림 16-10] 다운로드

1. 책 앞의 홈페이지 접속
2. '자료실' 클릭
3. '해외여행지.csv' 파일 내려받기
4. 내려받은 파일이 '다운로드(Downloads)' 폴더에 있는지 확인하기

	A	B	C	D	E	F	G	H	I	J
1	시점	합계	일본	중국	아시아	미주	유럽	중동	아프리카	대양주
2	2014-01	2373831	492732	484501	917657	188447	149191	38426	1314	1314
3	2014-02	2133838	429773	523628	804373	137412	120599	33265	1144	1144
4	2014-03	2107383	487982	500741	708200	162458	142807	34896	974	974
5	2014-04	2215142	408801	642018	732026	168086	157358	35415	713	713
6	2014-05	2223083	414947	660414	688652	181419	172068	37294	700	700
7	2014-06	2301742	417679	686508	713043	193773	182405	34942	997	997
8	2014-07	2615516	461133	800375	822436	217548	194562	33759	1792	1792
9	2014-08	2826225	500766	914285	866776	228220	200398	33554	990	990

[그림 16-11] 해외여행지.csv

* 이 방법으로 내려받은 파일은 데이터 수집하기 및 데이터 다듬기 과정을 거친 것이에요.

③ 데이터 다듬기

1) 어떤 데이터가 필요할까?

수집한 데이터	

	A	B	C	D	E	F	G	H	I	J	K
1	시점	합계	일본	중국	아시아	미주	유럽	중동	아프리카	대양주	기타
2	시점	여객 (명)	여객 (명)	여객 (명)	여객 (명)	여객 (명)	여객 (명)	여객 (명)	여객 (명)	여객 (명)	여객 (명)
3	시점	출발	출발	출발	출발	출발	출발	출발	출발	출발	출발
4	2014.01	2,373,831	492,732	484,501	917,657	188,447	149,191	38,426	1,314	101,563	0
5	2014.02	2,133,838	429,773	523,628	804,373	137,412	120,599	33,265	1,144	83,644	0
6	2014.03	2,107,383	487,982	500,741	708,200	162,458	142,807	34,896	974	69,325	0
7	2014.04	2,215,142	408,801	642,018	732,026	168,086	157,358	35,415	713	70,725	-
8	2014.05	2,223,083	414,947	660,414	688,652	181,419	172,068	37,294	700	67,589	-
9	2014.06	2,301,742	417,679	686,508	713,043	193,773	182,405	34,942	997	72,395	-
10	2014.07	2,615,516	461,133	800,375	822,436	217,548	194,562	33,759	1,792	83,911	-

[그림 16-12] 여행객 수 데이터

테이블을 살펴보며 우리에게 필요한 데이터와 필요하지 않은 데이터를 구분해보세요.

필요한 데이터	필요하지 않은 데이터

데이터를 살펴보면 같은 단어가 중복되어있는 행이 있어요. 바로 '여객 (명)', '출발'이라는 데이터에요. 모두 한국에서 출발한 여객의 수를 의미하기 때문에 '여객 (명)', '출발'이라는 단어는 꼭 필요하지 않아요. 또한 '기타' 여행지에 속한 나라들이 명확하지 않기 때문에 '기타' 열은 제외하고 데이터를 분석해 보아요.

따라서 우리에게 필요한 데이터는 '시점, 합계, 해외여행지 이름, 여객 수' 이렇게 4가지라 할 수 있어요.

2) 필요하지 않은 데이터 삭제하기

2행과 3행을 선택해요. 마우스 '오른쪽 버튼'을 클릭하고, '삭제'를 눌러 우리에게 필요한 데이터만 남겨주세요.

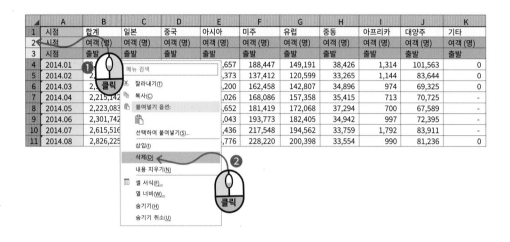

[그림 16-13] 필요하지 않은 데이터 삭제하기

이번에는 K열(기타)을 삭제하여 [그림 16-14]와 같이 수정해주세요.

	A	B	C	D	E	F	G	H	I	J
1	시점	합계	일본	중국	아시아	미주	유럽	중동	아프리카	대양주
2	2014.01	2,373,831	492,732	484,501	917,657	188,447	149,191	38,426	1,314	101,563
3	2014.02	2,133,838	429,773	523,628	804,373	137,412	120,599	33,265	1,144	83,644
4	2014.03	2,107,383	487,982	500,741	708,200	162,458	142,807	34,896	974	69,325
5	2014.04	2,215,142	408,801	642,018	732,026	168,086	157,358	35,415	713	70,725
6	2014.05	2,223,083	414,947	660,414	688,652	181,419	172,068	37,294	700	67,589
7	2014.06	2,301,742	417,679	686,508	713,043	193,773	182,405	34,942	997	72,395
8	2014.07	2,615,516	461,133	800,375	822,436	217,548	194,562	33,759	1,792	83,911
9	2014.08	2,826,225	500,766	914,285	866,776	228,220	200,398	33,554	990	81,236

[그림 16-14] K열 삭제 완료

3) 데이터 서식 바꾸기

컴퓨터가 '시점' 데이터와 '여행객 수' 데이터를 숫자로 인식할 수 있도록 두 데이터의 서식을 바꿔줘야 해요.

먼저 시점 데이터를 살펴보면 셀 서식이 '문자열'로 되어 있어요. 코드를 실행할 때의 오류를 줄이기 위해 다음과 같이 셀 서식을 '날짜' 형식으로 바꿔줘요.

A열을 선택해주세요. Ctrl + F 키를 눌러 '찾기 및 바꾸기'를 실행해요. 찾을 내용에는 '.' 을, 바꿀 내용에는 '-'을 입력한 후, '모두 바꾸기'를 선택해요. [그림 16-15]의 아래쪽 그림처럼 되었다면 성공!

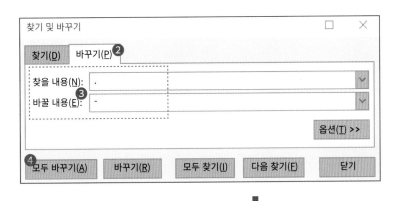

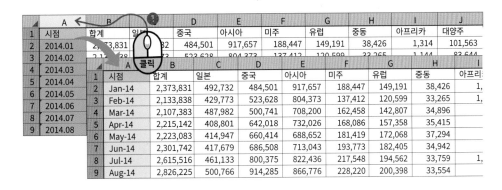

[그림 16-15] 시점 데이터 내용 바꾸기

이제 A열을 마우스 오른쪽 버튼으로 선택하고, 셀 서식으로 들어가요. ❸번 '사용자 지정'을 선택하고, ❹번 입력창에 연-월을 의미하는 'yyyy-mm'을 적어요. '확인' 버튼을 누르면 [그림 16-16]의 아래쪽 그림처럼 잘 바뀐 모습을 볼 수 있어요!

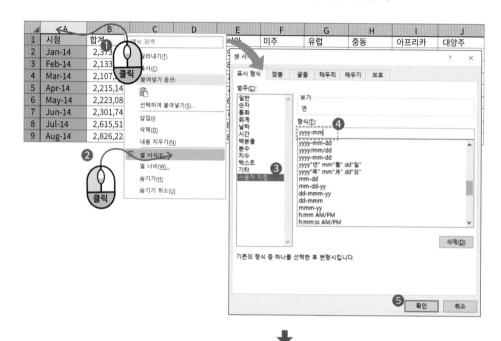

[그림 16-16] 시점 데이터를 '날짜' 형태로 바꾸기

이번에는 여행객 수를 보아요. 여행객 수의 숫자 데이터에 천(1000) 단위마다 콤마(,)가 있어요. 셀 서식 변경을 통해 콤마를 제거해줘요. B~J행을 마우스의 오른쪽 버튼으로 눌러 셀 서식을 선택하고, '숫자'로 들어가요. '1000단위 구분 기호(,) 사용'의 체크 표시를 지우고, 확인 버튼을 눌러줘요.

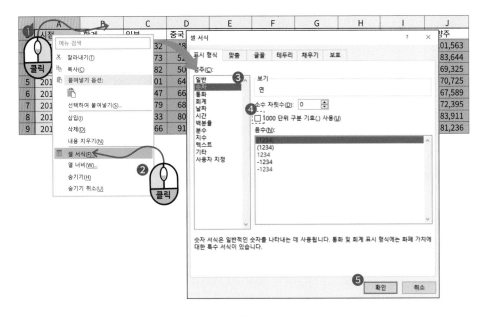

[그림 16-17] '숫자' 셀 서식 변경하기

	A	B	C	D	E	F	G	H	I	J
1	시점	합계	일본	중국	아시아	미주	유럽	중동	아프리카	대양주
2	2014-01	2373831	492732	484501	917657	188447	149191	38426	1314	101563
3	2014-02	2133838	429773	523628	804373	137412	120599	33265	1144	83644
4	2014-03	2107383	487982	500741	708200	162458	142807	34896	974	69325
5	2014-04	2215142	408801	642018	732026	168086	157358	35415	713	70725
6	2014-05	2223083	414947	660414	688652	181419	172068	37294	700	67589
7	2014-06	2301742	417679	686508	713043	193773	182405	34942	997	72395
8	2014-07	2615516	461133	800375	822436	217548	194562	33759	1792	83911

[그림 16-18] 데이터 다듬기 완료

4)다듬은 데이터를 새로운 파일로 저장하기

'파일' 메뉴의 '다른 이름으로 저장'을 누른 후, 저장 위치를 '다운로드' 폴더로 선택하고, 파일 이름에 '해외여행지'를 입력해요. 파일 형식을 'CSV (쉼표로 분리) (*.csv)'로 선택하여 저장 버튼을 눌러줘요.

최근 10년 동안 우리나라 사람들이 어떤 해외여행지에 많이 다녀왔는지 비교할 수 있는 그래프를 그리려고 해요. 어떤 그래프를 그리는 것이 좋을까요?

맞아요. 수를 비교할 때는 막대그래프가 효과적이죠. 이번 장에서는 판다스를 활용하여 '해외여행지별 여행객 수'를 막대그래프로 나타내보아요.

1) 판다스로 데이터 읽기 및 준비하기

```
1  import pandas as pd
2  df = pd.read_csv('해외여행지.csv', encoding='cp949')
3  df
```

[그림 16-19] csv 파일 읽기

pandas 라이브러리를 불러와 csv 파일을 읽고, 'df'라는 데이터프레임으로 저장해요. 데이터프레임을 확인하기 위해 'df'를 출력해요.

	시점	합계	일본	중국	아시아	미주	유럽	중동	아프리카	대양주
0	2014-01	2373831	492732	484501	917657	188447	149191	38426	1314	101563
1	2014-02	2133838	429773	523628	804373	137412	120599	33265	1144	83644
2	2014-03	2107383	487982	500741	708200	162458	142807	34896	974	69325
3	2014-04	2215142	408801	642018	732026	168086	157358	35415	713	70725
...	...	...	...	...	...	...	...	...	...	...
116	2023-09	3064433	862087	393408	1164424	260974	216799	47805	2830	116106
117	2023-10	3187714	905420	425545	1243439	248632	197548	46240	2566	118324
118	2023-11	3215337	955812	364066	1337897	236130	160622	38898	2597	119315
119	2023-12	3529586	1007867	423839	1534403	234349	153802	36820	2194	136312

120 rows × 10 columns

[그림 16-20] 데이터프레임 출력 화면

2) 해외여행지별 여행객 수의 총합 구하기

```
1  df1 = df.sum(axis=0)
2  df1
```

[그림 16-21] 합계 구하기

지난 시간에 배웠던 코드를 잘 떠올려보세요! 데이터프레임에서 합계를 구할 때, 행 방향으로 더하거나(axis=0) 열 방향으로 더할(axis=1) 수 있었어요.

axis = 1, 왼쪽에서 오른쪽(열 방향)

	시점	합계	일본	중국	아시아	미주	유럽	중동	아프리카	대양주
0	2014-01	2373831	492732	484501	917657	188447	149191	38426	1314	101563
1	2014-02	2133838	429773	523628	804373	137412	120599	33265	1144	83644
2	2014-03	2107383	487982	500741	708200	162458	142807	34896	974	69325
3	2014-04	2215142	408801	642018	732026	168086	157358	35415	713	70725
4	2014-05	2223083	414947	660414	688652	181419	172068	37294	700	67589
5	2014-06	2301742	417679	686508	713043	193773	182405	34942	997	72395
6	2014-07	2615516	461133	800375	822436	217548	194562	33759	1792	83911
7	2014-08	2826225	500766	914285	866776	228220	200398	33554	990	81236

axis = 0, 위에서 아래(행 방향)

[그림 16-22] 해외여행지별 여행객 수 더하기

[그림 16-22]와 같이 나라마다 최근 10년 동안의 여행객 수를 모두 더하려고 해요. 즉, 위에서 아래로 더해야 하므로 axis를 0으로 설정해 합계를 구해줘요. 그리고 합계만 저장한 테이블을 'df1'이라는 새로운 이름을 붙여 저장한 후, 출력해보아요.

인덱스(index)   값(values)

시점	2014-012014-022014-032014-042014-052014-062014...
합계	276184739
일본	61552416
중국	55318835
아시아	104602301
미주	20953726
유럽	19301378
중동	3877793
아프리카	159107
대양주	10379458

dtype: object

[그림 16-23] df1 출력 결과

[그림 16-23]은 df1을 출력한 결과에요. df1은 판다스의 데이터 구조 중 어떤 구조인 것 같나요?

열 이름(columns)이 없으므로 df1은 '시리즈'라 볼 수 있어요. df1에서 '해외여행지 이름'은 '인덱스', '여행객 수 총합'은 '값'이 돼요.

3) 필요한 데이터 저장하기

우리에게는 '해외여행지 이름'과 '각 여행지의 여행객 수'만 필요해요. 즉, df1의 0번 행과 1번 행의 데이터는 필요하지 않아요. 필요한 데이터만 선택한 후, 각각의 이름을 정해 저장해요.

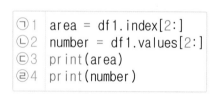

[그림 16-24] 데이터 이름 정하기

[그림 16-25] df1의 구조

ㄱ 해외여행지 이름은 df1의 index에 저장되어 있어요. index의 2번 행(일본)부터 마지막 행 (대양주)까지를 변수 area에 저장해요.

ㄴ 여행객 수는 df1의 values에 저장되어 있어요. values의 2번 행부터 마지막 행까지를 변수 number에 저장해요.

ㄷㄹ area와 number를 각각 출력하여 데이터가 알맞게 저장되었는지 확인해요.

```
Index(['일본', '중국', '아시아', '미주', '유럽', '중동', '아프리카', '대양주'], dtype='object')
[61552416 55318835 104602301 20953726 19301378 3877793 159107 10379458]
```

[그림 16-26] 출력 결과

4) 막대그래프로 나타내기

'해외여행지별 여행객 수'를 그래프로 나타낼 때, x축과 y축에는 각각 어떤 값이 들어가야 할까요?

```
1  import matplotlib.pyplot as plt
2  plt.rcParams['font.family']='Malgun Gothic'
㉠3  plt.bar(area, number, color='green')
㉡4  plt.title('해외여행지별 여행객 수')
㉢5  plt.ylabel('여행객 수')
6  plt.show()
```

㉠ x축을 area(해외여행지 이름), y축을 number(여행객 수)로 정하고, 막대의 색상을 초록색으로 해요.

㉡ 그래프를 잘 설명할 수 있는 제목으로 정해요.

㉢ y축의 이름인 ylabel을 '여행객 수'로 정해요.

[그림 16-27] 막대그래프 그리기

5) 완성 코드

```
1   import pandas as pd
2   df = pd.read_csv('해외여행지.csv', encoding='cp949')
3
4   df1 = df.sum(axis=0)
5   area = df1.index[2:]
6   number = df1.values[2:]
7
8   import matplotlib.pyplot as plt
9   plt.rcParams['font.family']='Malgun Gothic'
10  plt.bar(area, number, color='green')
11  plt.title('해외여행지별 여행객 수')
12  plt.ylabel('여행객 수')
13  plt.show()
```

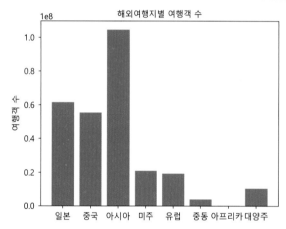

[그림 16-28] '해외여행지별 여행객 수' 완성

5 데이터 분석하기

최근 10년 동안의 '해외여행지별 여행객 수' 데이터를 시각화해보았어요. 시각화한 그래프를 분석하여 아래 표에 답을 채워보세요.

최근 10년간 가장 많이 가는 해외여행지	
최근 10년간 가장 적게 가는 해외여행지	

6 문제 해결하기

나는 사람들이 여행을 (많이/적게) 가는 곳으로 가족여행을 가고 싶어!

왜냐하면 (   )이기 때문이야.

그래서 내가 가게 될 해외여행지의 후보는 (   )야.

7 비판적 시각으로 데이터 바라보기

문제 인식 단계에서 나눴던 소연이와 다혜의 대화를 다시 살펴보아요. 소연이는 언제 해외여행을 가려고 하나요?

맞아요. 1월이었죠. 앞에서 그렸던 그래프를 통해 사람들은 1월에 어디로 여행을 많이 가는지 알 수 있나요?

아니요. 알 수 없어요. 우리가 시각화한 막대그래프는 10년 동안 여행객 수의 총합이기 때문에 내가 가려고 하는 달의 여행객 수 정보를 알 수 없어요. 그래서 더 정확하게 데이터 분석을 해보고 싶은 친구들은 <한 단계! 업그레이드!>로 가볼까요? GO~GO!

8 한 단계! 업그레이드! (○월에 많이 가는 여행지 알아보기)

구구박사의 데이터 과학 지식 더하기 ·····················

datetime 라이브러리

Pandas 라이브러리에서는 다양한 기능(라이브러리)을 제공하고 있어요. 그 중 datetime
라이브러리에 대해서 알아보려고 해요.
datetime 라이브러리는 어떻게 사용할까요?
① 시간 계산, ② 연-월-일에서 연, 월, 일 추출, ③ 시간 조정 등
여러 가지로 활용할 수 있어요. 우리는 이번에 ②번을 활용해볼게요.

- datetime 라이브러리 : date(날짜), time(시간) 즉, 날짜와 시간을 다룰 수 있는 기능
- **pd.to_datetime()** : 문자열로 된 데이터를 datetime(날짜, 시간) 형식으로 바꿔줘요.

연, 월, 일 추출하는 방법, 이것만 기억해요!

I. datetime 형태로 바꿔주기

```
import pandas as pd
df['A'] = pd.to_datetime( df['A'] )
```

A열을 datetime 형태로 바꿔줘요.

2. 연/월/일 추출하기

㉠	df['year'] = df['A'].dt.year	→ 연도
㉡	df['month'] = df['A'].dt.month	→ 월
㉢	df['day'] = df['A'].dt.day	→ 일

㉠ 'A'열에서 연도(year)를 추출하여 'year'이라는 새로운 열에 저장해요.

㉡ 'A'열에서 월(month)을 추출하여 'month'라는 새로운 열에 저장해요.

㉢ 'A'열에서 일(day)을 추출하여 'day'라는 새로운 열에 저장해요.

* dt는 datetime을 의미해요.

이 코드를 외우지 않아도 괜찮아요. 보면서 따라 해도 충분하니 어렵게 생각할 필요 없어요.

지금부터 1월부터 12월까지의 월 단위 여행객 수를 분석하여 '○월에 많이 가는 여행지'를 알아보아요.

1) 판다스로 데이터 읽기 및 준비하기

위에서 시각화했던 막대그래프에 이어서 한다면 [그림 16-29]처럼 셀만 추가하여 2단
계로 진행해주세요.

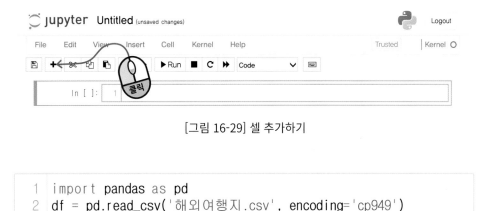

[그림 16-29] 셀 추가하기

```
1  import pandas as pd
2  df = pd.read_csv('해외여행지.csv', encoding='cp949')
```

[그림 16-30] csv 파일 읽기

2) 시점을 'datetime' 형식으로 바꾸기

```
1  df['시점'] = pd.to_datetime(df['시점'])
2  df['시점']
```
```
0      2014-01-01
1      2014-02-01
        . . .
119    2023-12-01
Name: 시점, Length: 120, dtype: datetime64[ns]
```

[그림 16-31] datetime으로 변환하기

'시점'을 문자열이 아닌 시간 개념으로 이해할 수 있도록 'datetime' 형식으로 바꾸고 출력
해보아요. [그림 16-31]을 보니 '시점' 열의 데이터가 datetime 형식으로 바뀐 것을 확인할
수 있어요. 예를 들어, 2014-01-01은 2014년 1월 1일을 의미해요. 기존 데이터(2014-01)에
는 없던 '일'이 생겼지만 우리는 사용하지 않을 것이기 때문에 그대로 둘게요.

3) 시점의 '월'만 추출해 새로운 열로 만들기

```
㉠1  df['month'] = df['시점'].dt.month
  2  df
```

[그림 16-32] 시점의 '월' 추출하기

㉠코드를 차근차근 살펴보아요.

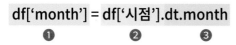

❶ 데이터프레임인 df에 'month'라는 새로운 열 1개를 만들어요. 'month' 열 안에는
❷ '시점' 열 데이터의
❸ 'month(월)'만 추출한 값이 들어가요.

[그림 16-33] 코드 살펴보기

df를 출력하여 지금까지의 과정을 확인해보아요.

0번 행인 2014-01-01의 month는 1, 1번 행의 month는 2.... 119번 행의 month는 12
와 같이 새로운 열이 만들어졌어요.

	시점	합계	일본	중국	아시아	미주	유럽	중동	아프리카	대양주	month
0	2014-01-01	2373831	492732	484501	917657	188447	149191	38426	1314	101563	1
1	2014-02-01	2133838	429773	523628	804373	137412	120599	33265	1144	83644	2
...	...	...	...	...	...	...	...	...	...	...	...
118	2023-11-01	3215337	955812	364066	1337897	236130	160622	38898	2597	119315	11
119	2023-12-01	3529586	1007867	423839	1534403	234349	153802	36820	2194	136312	12

120 rows × 11 columns

[그림 16-34] 출력 결과 - 새로운 열 생성

4) '월별 여행객 수 합계' 구하기

같은 '월(month)'에 해당하는 데이터들의 합을 구해보아요.

```
ㄱ 1  df_월 = df.groupby('month').sum(numeric_only=True)
ㄴ 2  df_월
```

ㄱ groupby( ).sum을 활용하여 합계를 구해요. 이때 숫자만 계산할 수 있도록
'numeric_only=True'를 추가해줘요. 그리고 월별 여행객 수 합계 테이블에 'df_월'이라는
짧은 이름을 붙여요.

ㄴ [그림 16-36]과 같이 출력돼요.

[그림 16-35] groupby로 합계 구하기

month	합계	일본	중국	아시아	미주	유럽	중동	아프리카	대양주
1	26546345	5919216	4687636	10946098	1868743	1601441	353709	19518	1146315
2	22240953	5215903	4251035	8836021	1431401	1274339	290142	13132	924346
...	...	...	...	...	...	...	...	...	...
11	23368898	5347469	4383629	9390376	1615725	1408140	307159	11996	902814
12	25562920	5743791	4563546	10783869	1712252	1367073	297284	14930	1077031

[그림 16-36] '월별 여행객 수의 합계' 출력 결과

5) 원그래프로 나타내기

월별 여행객 수를 살펴보니 수가 너무 커서 비교하기 어려워요. 따라서 '각 월의 여행지별 여행객 수'를 비율그래프로 나타내어 한눈에 비교해 볼까요?

```
 1   import matplotlib.pyplot as plt
㉠2   for i in range(0, 12):
㉡3       plt.pie(df_월.iloc[i, 1:], labels=area, autopct='%.1f%%', pctdistance=0.8)
㉢4       plt.title(str(i+1) + '월에 많이 가는 여행지')
 5       plt.axis('equal')
㉣6       plt.savefig(str(i+1) + '월에 많이 가는 여행지'+'.png')
 7       plt.show()
```

㉠ i가 0부터 11이 될 때까지 pie 그래프를 만드는 과정을 반복해요.

㉡ 코드를 차근차근 읽어봐요.

plt.pie(df_월.iloc[i, 1:], labels=area, autopct='%. 1f%%', pctdistance=0.8)
❶ ❷ ❸ ❹

❶ i번째 행의 1번 열(일본)부터 마지막 열(대양주)까지의 데이터를 원그래프에 나타내요.

<컬럼(열)번호>

		0 합계	1 일본	2 중국	3 아시아	4 미주	5 유럽	6 중동	7 아프리카	8 대양주
	month									
0 →	1	26546345	5919216	4687636	10946098	1868743	1601441	353709	19518	1146315
1 →	2	22240953	5215903	4251035	8836021	1431401	1274339	290142	13132	924346
...		...	...	...	...	...	...	...	...	...
10 →	11	23368898	5347469	4383629	9390376	1615725	1408140	307159	11996	902814
11 →	12	25562920	5743791	4563546	10783869	1712252	1367073	297284	14930	1077031

<인덱스 (행)번호>

❷ 그래프의 라벨은 [그림 16-24]에서 만든 area(해외여행지 이름)로 정해요.

❸ 비율은 소수 첫째 자리까지 나타내요.

❹ pctdistance는 비율을 표시할 위치에요. 따로 정하지 않을 경우, 기본값은 0.6이고 값이 커질수록 비율이 적힌 위치는 원의 중심에서 점점 멀어져요.

ⓒ '○월에 많이 가는 여행지'와 같이 월별 그래프의 제목을 지어요. i는 0부터 11까지의 수이니
i에 1을 더한 값으로 제목을 정해줘요.

i	i+1	str(i+1)		'월에 많이 가는 여행지'	제목
0	1	'1'		'월에 많이 가는 여행지'	'1월에 많이 가는 여행지'
1	2	'2'	+	'월에 많이 가는 여행지'	'2월에 많이 가는 여행지'
2	3	'3'		'월에 많이 가는 여행지'	'3월에 많이 가는 여행지'
		⋮			
9	10	'10'		'월에 많이 가는 여행지'	'10월에 많이 가는 여행지'
10	11	'11'	+	'월에 많이 가는 여행지'	'11월에 많이 가는 여행지'
11	12	'12'		'월에 많이 가는 여행지'	'12월에 많이 가는 여행지'

ⓓ 1월부터 12월 그래프까지 총 12개의 그래프가 생겨요. 따라서 그래프를 한눈에 볼 수 있도록
그림 파일로 저장하는 코드를 추가해요.

[그림 16-37] 원그래프로 나타내기

Quiz 1

아래의 코드를 실행하면 오류가 발생해요. 그 이유는 무엇일까요?

💡Hint! 종종 나왔던 오류예요. 잘 떠올려보세요.

```
plt.title((i+1) + '월에 많이 가는 여행지')
```

TypeError: unsupported operand type(s) for +: 'int' and 'str'

6) 완성 코드

```
1   import pandas as pd
2   df = pd.read_csv('해외여행지.csv', encoding='cp949')
3
4   df1 = df.sum(axis=0)
5   area = df1.index[2:]
6
7   df['시점'] = pd.to_datetime(df['시점'])
8   df['month'] = df['시점'].dt.month
9
10  df_월 = df.groupby('month').sum(numeric_only=True)
11
12  import matplotlib.pyplot as plt
13  for i in range(0, 12):
14      plt.pie(df_월.iloc[i, 1:],labels=area, autopct='%.1f%%', pctdistance=0.8)
15      plt.title(str(i+1) + '월에 많이 가는 여행지')
16      plt.axis('equal')
17      plt.savefig(str(i+1) + '월에 많이 가는 여행지'+'.png')
18      plt.show()
```

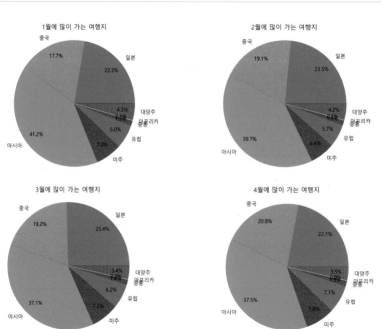

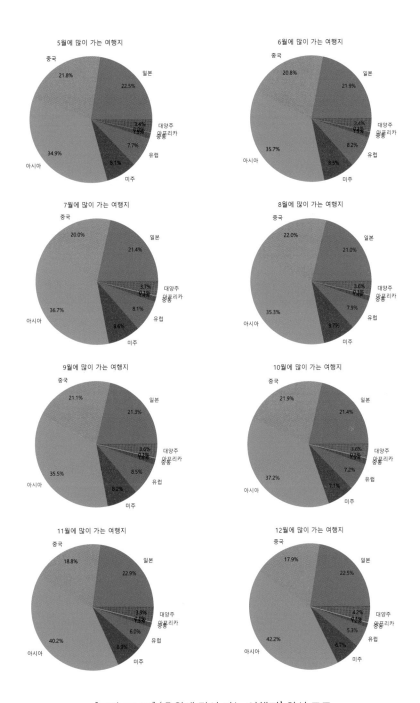

[그림 16-38] '○월에 많이 가는 여행지' 완성 코드

7) 문제 해결하기

시각화한 그래프를 분석하여 아래 표에 답을 채워보세요.

소연이가 여행가고자 하는 달	월
그 달에 사람들은 어떤 여행지를 가장 많이 찾나요?	
그 달에 사람들은 어떤 여행지를 가장 적게 찾나요?	
내가 여행가고자 하는 달	월
내가 여행가려고 하는 달에 사람들은 어떤 여행지를 가장 많이 찾나요?	
내가 여행가려고 하는 달에 사람들은 어떤 여행지를 가장 적게 찾나요?	

(   )월에 가족여행을 가려고 해.

내가 여행 가려고 하는 달에 사람들은 해외여행지 중 (   )을/를

가장 많이 찾고, (   )은/는 가장 적게 찾아.

그래서 나는 (   )월에 상대적으로 사람들이 (많이 찾는 / 적게 찾는)

(   ) 해외여행지를 여행할 거야!

8) 비판적 시각으로 데이터 바라보기

여러분들이 가고 싶은 여행지를 정해보았나요? 소연이는 1월에 사람들이 비교적 적게 가는 '대양주'로 여행을 간다고 하네요. 소연이는 사람들이 적게 가는 비수기에 여행하는 것을 선호하나 봐요! 그렇다면 1년 중 '대양주'의 비수기는 언제일까요?

원그래프로 이를 알 수 있나요? 아니요, 알 수 없어요. 만약 1월의 대양주 여행객 수가 7월에 비해 2배 증가했다고 생각해 보아요. 하지만 동시에 다른 지역의 여행객 수가 3배 증가했다면, 1월의 여행지별 여행객 수 비율에서 대양주의 비율은 감소해요. 이와 같은 경우에는 비율이 감소한 것을 보고, 수가 줄었다고 말할 수 없죠.

따라서 우리가 그렸던 그래프는 '○월의 여행지별 여행객 수 비율'이기 때문에 '특정 여행지의 월별 여행객 수 변화'는 알 수 없어요.

'특정 여행지의 성수기와 비수기 정보'를 알아보기 위해 다른 시각으로 데이터를 분석해보아요.

구구박사의 데이터과학 생각 더하기 ···

특정 여행지의 월별 여행객 수 변화 알아보기

```
ㄱ1  where = input('어떤 여행지의 월별 여행객 수를 알고 싶나요?'
  2              '₩n '일본, 중국, 아시아, 미주, 유럽, 중동, 아프리카, 대양주' 중 입력하세요.')
ㄴ3  df_월[where].plot()
```

ㄱ 데이터 내에 있는 '일본, 중국, 아시아, 미주, 유럽, 중동, 아프리카, 대양주' 중 사용자가 알고
  싶은 여행지의 이름을 입력받아요.

ㄴ 판다스에서는 plot( ) 함수를 사용하여 간단하게 그래프를 그릴 수 있어요.
  숫자가 있는 데이터 뒤에 .plot()을 붙이면 선 그래프가 그려져요. 참 쉽죠~?
  만약 사용자가 입력한 문자(where)가 '대양주'라면, df_월['대양주']을 선 그래프(.plot)로
  나타내줘요. 대양주의 1월부터 12월까지의 여행객 수가 선 그래프로 나타나죠.

month	합계	일본	중국	아시아	미주	유럽	중동	아프리카	대양주
1	26546345	5919216	4687636	10946098	1868743	1601441	353709	19518	1146315
2	22240953	5215903	4251035	8836021	1431401	1274339	290142	13132	924346
...	...	...	...	...	...	...	...	...	...
11	23368898	5347469	4383629	9390376	1615725	1408140	307159	11996	902814
12	25562920	5743791	4563546	10783869	1712252	1367073	297284	14930	1077031

[그림 16-39] df_월['대양주']

예시로 '대양주'와 '유럽'의 월별 여행객 수를 알아볼게요.

어떤 여행지의 월별 여행객 수를 알고 싶나요?
  '일본, 중국, 아시아, 미주, 유럽, 중동, 아프리카, 대양주' 중 입력하세요. [   ]

[그림 16-40] 여행지 입력

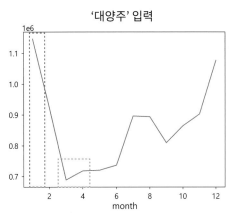

[그림 16-41] 대양주 여행객 수 변화

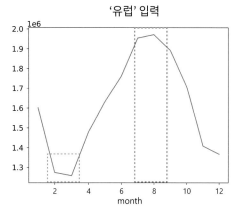

[그림 16-42] 유럽 여행객 수 변화

우리나라 사람들은 대양주를 겨울에 많이 찾고, 유럽은 여름에 많이 가네요.

여러분들도 가고 싶은 여행지를 입력하고, 다음 질문에 답해보세요.

소연이에게 추천해주는 달	월
내가 가고 싶은 여행지	
여행객이 많은 달	월
여행객이 적은 달	월
나의 선택은?	( )월에 ( )를 가면 좋겠다!

최근 10년간 여행객 수의 변화 알아보기

이번에는 '최근 10년간 여행객 수의 변화'를 알아보아요. 그래프를 보며 '그래프에서 알수 있는 사실과 그 이유'를 생각해보아요.

1) 판다스로 데이터 읽기 및 준비하기

```
1  import pandas as pd
2  df = pd.read_csv('해외여행지.csv', encoding='cp949', index_col=0)
3  df
```

㉠ 이번에는 0번째 열인 '시점'을 인덱스로 정해보려고 해요. 'index_col=0'을 추가해요.

시점	합계	일본	중국	아시아	미주	유럽	중동	아프리카	대양주
2014-01	2373831	492732	484501	917657	188447	149191	38426	1314	101563
2014-02	2133838	429773	523628	804373	137412	120599	33265	1144	83644
2014-03	2107383	487982	500741	708200	162458	142807	34896	974	69325
2014-04	2215142	408801	642018	732026	168086	157358	35415	713	70725
2014-05	2223083	414947	660414	688652	181419	172068	37294	700	67589
...	...	...	...	...	...	...	...	...	...
2023-08	3260840	864746	448530	1268206	282288	221683	51848	3244	120295
2023-09	3064433	862087	393408	1164424	260974	216799	47805	2830	116106
2023-10	3187714	905420	425545	1243439	248632	197548	46240	2566	118324
2023-11	3215337	955812	364066	1337897	236130	160622	38898	2597	119315
2023-12	3529586	1007867	423839	1534403	234349	153802	36820	2194	136312

120 rows × 9 columns

[그림 16-43] csv 파일 읽기

2) 선 그래프로 나타내기

```
1  import matplotlib.pyplot as plt
2  plt.rcParams['font.family']='Malgun Gothic'
㉠3  df.plot()
4  plt.show()
```

㉠ .plot() 으로 선 그래프를 그려요. 10년 동안의 총 여행객 수 변화를 알 수 있어요.
   출력 결과를 살펴볼까요?

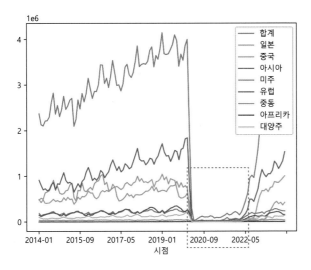

[그림 16-44] '최근 10년간 여행객 수의 변화' 선 그래프 그리기

3) 생각해보기

유독 여행자 수가 적은 해가 있어요. 언제인가요?

맞아요. 바로 위 그래프의 ☐ 구간인데요. 이때 왜 여행자 수가 급격하게 감소했을지, 또 ☐ 구간 이후에 점점 증가하고 있는데 그 이유가 무엇일지 추측하여 빈칸에 적어보세요.

MEMO

네 걸음
데이터 과학 열매반
(인공지능)

<READY TO CODE>
<?>

① 인공지능이란 무엇일까요?

인공지능은 '인간이 만들었다.'라는 의미의 '인공(人工)'과 '학습, 생각 등을 하는 능력' 이라는 의미의 '지능(知能)'이 합쳐진 단어예요. 인공지능은 컴퓨터가 사람처럼 스스로 학습하고 생각하여 문제를 해결할 수 있게 만드는 기술을 의미해요. 우리가 인공지능에 데이터를 입력하면, 인공지능이 데이터를 스스로 학습하여 생각한 후 판단이나 예측한 것을 우리에게 출력해주죠.

생활 속에서 다양한 인공지능을 만날 수 있어요. 여러분은 유튜브를 이용한 적이 있나 요? 나와 친구의 유튜브 화면을 비교해보면 추천된 영상이 다른 것을 볼 수 있어요. 그 이유는 바로 '인공지능을 활용한 유튜브 추천 프로그램' 때문이에요. 인공지능은 여러 분들이 평소에 시청하는 동영상을 분석하고, 여러분들이 좋아할 만한 영상을 스스로 예 측하여 추천해줘요.

② 인공지능은 어떻게 학습할까요? (머신러닝)

머신러닝은 인공지능이 학습하는 방법이에요. 컴퓨터는 머신러닝을 통해 주어진 데이터를 스스로 학습하고, 규칙을 찾아 새로운 데이터를 예측하거나 결정해요. 이러한 머신러닝은 어떠한 과정으로 진행될까요?

머신러닝의 과정은 크게 '데이터 준비하기', '모델 학습하기', '예측하기'로 나눌 수 있어요.

학습시킬 데이터를 수집하고 다듬어줘요.
학습할 모델을 선택하고, 준비한 데이터를 넣어 학습시켜요.
학습시킨 모델에 새로운 데이터를 넣고 예측해요.

머신러닝은 계속해서 학습하는 특징이 있어요. 새로운 데이터가 입력되면 머신러닝의 모델이 스스로 업데이트하여 더 나은 예측을 해요.

데이터를 이용한다는 점에서 우리가 지금까지 했던 '데이터 분석'과 비슷한 점이 있네요! 그러면 '데이터 분석'과 '머신러닝'은 어떠한 차이점이 있을까요?

'데이터 분석'의 목적은 과거의 데이터에서 특징을 찾고 이 특징을 설명하는 것이에요. 하지만 '머신러닝'의 목적은 데이터를 학습하여 미래를 예측하는 것이죠.

머신러닝에는 지도학습, 비지도학습, 강화학습 등 다양한 학습 방법이 있어요. 그리고 회귀분석, KNN 등의 알고리즘을 사용해 학습해요. 이제부터 머신러닝 알고리즘에 대해 살펴보도록 할게요!

1) 회귀분석(Regression)

회귀분석은 변수 사이의 관계를 설명하고, 예측을 도와주는 방법이에요.

키와 몸무게의 관계를 생각해봐요. 만약 어떤 친구의 키가 크다면, 몸무게도 높을 가능성이 커요. 회귀분석은 한 변수(키)가 다른 변수(몸무게)에 어떤 영향을 미치는지 수학적으로 표현하는 방법이에요.

회귀분석을 통해 두 변수 사이의 규칙을 찾고, 한 변수가 변할 때 다른 변수가 얼마나 변화할지 예측할 수 있어요.

이때, 키와 같이 영향을 주는 변수를 독립변수라고 해요.

몸무게와 같이 영향을 받는 변수, 즉 예측하고자 하는 목표를 종속변수라고 해요.

● 선형회귀(Linear Regression)

회귀분석 방법 중 하나로 직선을 활용하여 예측하는 방법이에요. 이때의 직선을 예측선 (회귀선)이라고 해요. 예측선은 데이터 사이의 관계를 가장 잘 설명하는 직선으로, 데이터 사이의 규칙을 보여주죠. 즉, 선형회귀 모델은 데이터의 관계를 가장 잘 나타내는 직선을 찾고, 이 직선을 통해 새로운 데이터에 대한 예측값을 찾기 위해 노력해요.

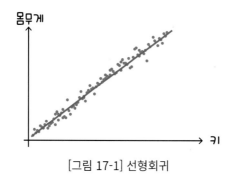

[그림 17-1] 선형회귀

키와 몸무게를 학습한 선형회귀 모델이에요. 인공지능이 키와 몸무게 데이터 사이의 관계를 학습하여 빨간색 선으로 나타나는 규칙(예측선)을 찾았네요. 이 직선을 바탕으로 새로운 '키' 데이터를 입력하면 '몸무게'의 예측값을 알려줘요.

2) 분류(Classification)

분류는 학습한 데이터들을 유사한 클래스(집단)끼리 묶어서 데이터가 어느 클래스(집단)에 속하는지 판단해주는 방법이에요. 분류를 활용하여 '제품이 불량인지 아닌지', '제시된 그림이 강아지인지 고양이인지'와 같은 문제를 해결할 수 있어요. 분류 알고리즘에는 K-NN 알고리즘, 의사결정트리, 랜덤 포레스트 등이 있어요.

● K-NN 알고리즘

K-NN 알고리즘은 분류에서 가장 쉽게 활용하는 알고리즘으로 K-Nearest Neighbors(K-최근접 이웃)의 약자에요. 이름에서도 알 수 있듯이 가장 가까운 이웃을 이용하여 분류하는 방법이에요. 새로운 데이터가 주어지면 가장 가까운 'k개'의 이웃을 찾고, 찾은 이웃들 중 더 많은 수를 가진 클래스로 새로운 데이터를 분류해요. 예를 들어, [그림 17-2]의 ▲의 경우 클래스 1과 2 중 무엇으로 분류할 수 있을까요?

[그림 17-2] 분류하기   [그림 17-3] k=3   [그림 17-4] k=7

맞아요. ▲주변에 ●의 이웃이 많으므로 ▲는 클래스 1로 분류될 수 있어요.

이번에는 [그림 17-3]처럼 ▲주변에 ●와 ◆ 모두 있는 경우에는 어떻게 할까요? 이때 가장 가까운 이웃인 k의 개수를 정해야 해요. 가장 가까운 3개의 이웃(k=3)을 찾아보면 ●는 2개, ◆는 1개이므로 ▲는 더 많은 수를 가진 클래스 1로 분류돼요. 또한 [그림 17-4]와 같이 7개의 이웃(k=7)으로 정한다면, ●는 3개, ◆는 4개가 되어 ▲는 클래스 2로 분류되겠죠?

이처럼 K-NN 알고리즘은 k 값에 따라 분류 결과가 달라지는 특징이 있어요. k 값에 따라 예측의 정확도가 달라지므로, 적절한 k 값을 찾는 것이 매우 중요해요!

만약 k를 4와 같은 짝수로 정하면 어떻게 될까요?

맞아요. 최근접 이웃이 (2개, 2개)로 이웃의 개수가 같아질 수 있어요. 이런 경우에는 분류할 수 없겠죠? 따라서 k의 개수는 홀수로 정하는 것이 좋아요. (k의 기본값은 5에요.)

참고로 최근접 이웃을 찾기 위해 '유클리드 거리' 계산법이 사용돼요.

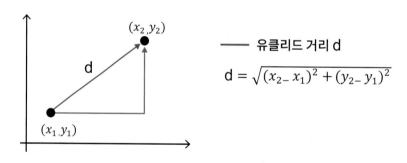

[그림 17-5] 유클리드 거리 계산법

K-NN 알고리즘은 데이터 간의 거리를 측정하여 분류하는 비교적 간단한 알고리즘이지만 많은 영역에서 널리 사용되고 있어요. 유전자 데이터를 분류하여 종양을 식별하거나 개인별 영화 추천, 이미지 얼굴 인식 등에도 적용할 수 있어요.

Quiz 1

K-NN 알고리즘을 활용하여 구구박사의 취향을 분류하려고 해요. k를 3개로 정한다면, 구구박사는 핫초코 매니아일까요? 아메리카노 매니아일까요?

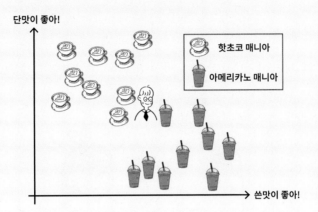

18장 나의 시험 점수는 몇 점일까?

PYTHON

학생인 여러분에게 시험은 항상 무거운 짐과 같은 존재죠! 시험 점수 때문에 고민해본 경험이 있을 거예요. 어떻게 하면 시험 점수가 잘 나올 수 있을까요? 공부를 많이 하면 점수가 잘 나온다는데, 과연 그럴까요?

이번 장에서는 공부 시간이 시험 점수와 관련이 있는지 그래프로 확인하고, 선형회귀모델을 활용하여 여러분들의 시험 점수를 예측해 보도록 해요.

이번 장에서는 무엇을 배울까요?

- 판다스를 활용하여 데이터를 분석할 수 있어요.
- '공부 시간과 시험 점수의 관계'를 그래프로 나타낼 수 있어요.
- 선형회귀모델을 활용하여 나의 시험 점수를 예측할 수 있어요.

1 문제 인식하기

다음 주가 벌써 시험이라니... 믿을 수 없어!
이번에 시험 잘 보면 엄마가 자전거 사주신다고 했는데...
너는 공부를 잘하니까 어떻게 하면 좋은 점수를 받을 수 있는지 비결을 좀 알려줘!

음... 일단 수업 시간에 졸지 않아야 하고, 필기도 잘해야 되고,
가장 중요한 건 시험 내용을 내 것으로 만드는 과정이야!!
집에 와서도 공부를 많이 해야 돼!!

그래? 사실... 너에게만 말하자면 공부를 많이 안 하긴 해...
공부 시간을 적게 하고 좋은 점수를 받으려고 하는 건 욕심인걸까?

응... ㅎㅎ 절대적인 공부 시간이 중요하다구!

지금의 나처럼 공부하면 몇 점이 나올까?

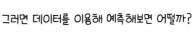

그러면 데이터를 이용해 예측해보면 어떨까?

● 문제 해결 계획하기

(1) 우리가 해결해야 하는 문제는 무엇인가요?

해결할 문제

(2) 문제 해결을 위해 어떤 데이터가 필요할까요?

필요한 데이터

'나의 시험 점수는 몇 점일까?'라는 문제를 해결하려면 컴퓨터를 학습시켜 시험 점수를 예측할 수 있는 모델을 만들어주어야 해요. 이를 위해 컴퓨터가 어떤 데이터를 학습하면 좋을지 말해보아요.

공부한 시간과 그때의 시험 점수를 기록한 데이터가 있으면 좋겠어요!

이제부터 '공부 시간, 시험 점수' 데이터를 활용하여 그 관계를 분석하고 '나의 시험 점수'를 예측해 보아요.

② 데이터 수집하기

1. 책 앞의 홈페이지 접속

2. '자료실' 클릭

3. '나의 시험 점수는.csv' 파일 내려받기

4. 내려받은 파일이 '다운로드(Downloads)' 폴더에 있는지 확인하기

데이터 출처) 캐글(Kaggle)

	A	B
1	Hours	Scores
2	2.5	21
3	5.1	47
4	3.2	27
5	8.5	75
6	3.5	30
7	1.5	20
8	9.2	88
9	5.5	60
10	8.3	81
11	2.7	25

[그림 18-1] 나의 시험 점수는.csv

* 이 방법으로 내려받은 파일은 데이터 수집하기 과정을 거친 것이에요.

캐글은 데이터 과학 및 머신러닝 경진대회를 주최하는 플랫폼이에요.

전 세계 데이터 과학자들을 위한 놀이터라고 생각하면 되죠. 캐글을 활용하면 머신러닝을 공부하기에 좋은 다양한 데이터들을 얻을 수 있어요. 다만, 데이터 중 인공지능을 연습하기 위해 가공된 데이터도 있어요. 우리가 이번 장에서 활용하는 데이터 또한 이와 같은 데이터에요.

③ 데이터 다듬기

1) 어떤 데이터가 필요할까?

나의 시험 점수를 예측할 수 있는 모델을 만들기 위해 우리가 수집한 데이터는 무엇인가요?

수집한 데이터	

	A	B
1	Hours	Scores
2	2.5	21
3	5.1	47
4	3.2	27
5	8.5	75
6	3.5	30

[그림 18-2] 원본 데이터

우리가 수집한 데이터는 공부 시간과 시험 점수예요. 데이터 테이블에서 우리에게 필요한 데이터와 필요하지 않은 데이터를 구분해보세요.

필요한 데이터	필요하지 않은 데이터

2) 열 이름 바꾸기

우리에게 모두 필요한 데이터만 있네요. 코드를 작성하기 편하도록 열 이름을 바꿔주어요. 영어로 된 'Hours, Scores'를 각각 '공부 시간, 시험 점수'로 입력해주세요.

[그림 18-3] 열 이름 수정

3) 파일 저장하기

엑셀 화면의 왼쪽 위에 있는 🖫버튼을 클릭하여 다듬은 데이터를 저장해요.

나의 시험 점수를 예측하는 모델을 만들기 전에 꼭 확인해야 할 부분이 있어요. 바로 '공부 시간'이 '시험 점수'에 영향을 주는지 주지 않는지를 확인하는 것이에요. 데이터 시각화 결과, 공부 시간이 시험 점수에 영향을 주지 않아 보인다면 예측 모델을 만들어 도 의미 있는 결과를 도출하기 어려워요. 따라서 '공부 시간에 따른 시험 점수'를 그래 프로 그려 두 변수 간의 관계를 확인해 보아요.

1) 판다스로 데이터 읽기 및 준비하기

판다스 라이브러리를 불러와 csv 파일을 읽고, 데이터프레임을 출력하여 확인해요.

```
1  import pandas as pd
2  df = pd.read_csv('나의 시험 점수는.csv', encoding='cp949')
3  df
```

	공부 시간	시험 점수
0	2.5	21
1	5.1	47
2	3.2	27
...	...	...
94	3.7	37
95	8.0	84

96 rows × 2 columns

[그림 18-4] 판다스로 데이터 읽기

2) 독립 변수와 종속 변수 데이터 저장하기

```
㉠1  X = df['공부 시간']
㉡2  Y = df['시험 점수']
```

㉠ 시험 점수에 영향을 주는 '공부 시간'이 독립변수가 돼요. 이를 X라고 정할게요.

㉡ 예측하고자 하는 '시험 점수'는 종속변수가 돼요. 이를 Y라고 정할게요.

공부 시간에 따른 시험 점수

<독립 변수>   <종속 변수>

[그림 18-5] 변수 지정

3) 그래프로 나타내기

'공부 시간에 따른 시험 점수'를 그래프로 나타내 보아요.

```
 1  import matplotlib.pyplot as plt
 2  plt.rc('font',family='Malgun Gothic')
㉠3  plt.plot(X, Y, 'o')
㉡4  plt.xlabel('공부 시간')
㉢5  plt.ylabel('시험 점수')
 6  plt.title('공부 시간에 따른 시험 점수')
 7  plt.show()
```

㉠ x축 값은 독립변수인 X(공부 시간), y축 값은 종속변수인 Y(시험 점수)에요. plot() 함수는
　기본적으로 선 모양의 그래프를 그리지만, 선이 아닌 점의 형태로 그래프를 그릴 수도 있어요.
　'o'를 추가하여 점 형태의 그래프를 그려요.

㉡ x축의 이름은 '공부 시간'으로 정해요.

㉢ y축의 이름은 '시험 점수'로 정해요.

[그림 18-6] 그래프로 나타내기

4) 완성 코드

```
1  import pandas as pd
2  df = pd.read_csv('나의 시험 점수는.csv', encoding='cp949')
3  X = df['공부 시간']
4  Y = df['시험 점수']
5
6  import matplotlib.pyplot as plt
7  plt.rc('font',family='Malgun Gothic')
8  plt.plot(X, Y, 'o')
9  plt.xlabel('공부 시간')
10 plt.ylabel('시험 점수')
11 plt.title('공부 시간에 따른 시험 점수')
12 plt.show()
```

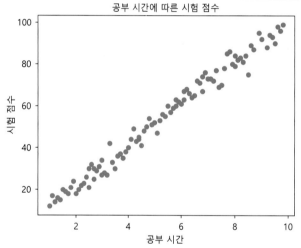

[그림 18-7] '공부 시간에 따른 시험 점수' 그래프 완성

5 데이터 분석하기

1) 데이터로 무엇을 알 수 있나요?

시험 점수를 예측하기 위해 '공부 시간과 시험 점수 데이터'를 수집했어요. 그리고 두 변수 간의 관계를 그래프로 나타내 보았죠. 데이터를 시각화한 그래프를 통해 알 수 있는 정보를 적어보세요.

> 공부 시간이 많을수록 시험 점수는 (　　　　　)
> 따라서 공부 시간은 시험 점수에 (영향을 주는 것 같다. / 영향을 주지 않는 것 같다.)

그래프를 통해 공부 시간이 많을수록 시험 점수가 높아지는 경향을 확인할 수 있어요. 즉, 공부 시간이 시험 점수에 영향을 준다고 말할 수 있죠. 이제부터 두 변수 간의 규칙을 발견하고, 나의 시험 점수를 예측해 보아요.

2) 시험 점수 예측 모델 만들기

'시험 점수 예측 모델'을 만드는 과정은 크게 2가지로 나눌 수 있어요.

STEP 1. 컴퓨터가 '공부한 시간과 그때의 시험 성적'에 대한 수많은 데이터를 학습하여 규칙을 발견하도록 해요. : (1) ~ (4)

STEP 2. 공부 시간을 입력하면 시험 성적을 예측하는 모델을 만들어요. : (5) ~ (7)

(1) 사이킷런(scikit-learn) 불러오기

```
1  from sklearn.linear_model import LinearRegression
```

[그림 18-8] 사이킷런 불러오기

사이킷런 라이브러리에서 선형회귀모델을 사용할 수 있도록 준비하는 코드에요. (대소문자에 주의하세요.)

sklearn은 사이킷런(scikit-learn) 라이브러리의 이름이에요. 파이썬에서 가장 많이 사용되는 머신러닝 라이브러리로 선형회귀, K-NN 알고리즘 등 다양한 머신러닝 알고리즘을 쉽게 구현할 수 있게 해줘요.

(2) 선형회귀모델 만들기

```
1  model = LinearRegression()
```

[그림 18-9] 선형회귀모델 만들기

LinearRegression( ) 함수로 선형회귀모델을 생성하여 이를 model이라는 이름으로 정해요. 이때도 대소문자에 주의해주세요!

(3) 선형회귀모델을 학습시키기 위한 변수 저장하기

학습할 데이터(독립변수, 종속변수)를 각각 저장해요.

```
㉠1  X = df[['공부 시간']]
㉡2  Y = df['시험 점수']
```

㉠ 선형회귀모델에서 독립변수로 사용될 데이터는 꼭 2차원 형태의 배열로 저장해야 해요.
   2차원 형태의 배열이란 리스트 안에 리스트가 있다고 생각하면 쉬워요. 따라서 데이터프레임의
   ['공부 시간'] 열을 추출하고, 이를 다시 한번 리스트[ ]로 감싸준 후, X에 저장해요.

㉡ 종속변수의 값은 2차원 형태로 만들지 않아도 되므로 데이터프레임의 ['시험 점수'] 열을
   추출하여 Y에 저장해요.

[그림 18-10] 변수 지정

(4) 선형회귀모델로 데이터 학습시키기

```
1  model.fit(X.values, Y)
```

```
▾ LinearRegression()
LinearRegression()
```

[그림 18-11] 데이터 학습시키기

fit( )은 데이터를 넣어 모델을 '학습'시키는 함수예요. 따라서 [그림 18-11]과 같이
선형회귀모델에 X값(공부 시간)과 Y값(시험 점수)을 전달하여 모델을 '학습'시키
죠. 이렇게 학습된 모델은 새로운 X값이 주어지면 그에 맞는 Y값을 예측해줘요.

구구박사의 데이터 과학 지식 더하기

X.values를 쓰는 이유는 무엇일까?

[그림 18-12]와 같이 X를 출력하면 96행 × 1열 형태의 데이터프레임이 출력돼요. 하지만 fit( ) 함수를 사용할 때, X의 인덱스는 필요하지 않고 '공부 시간'인 데이터값(values)만 필요하죠.

따라서 데이터프레임 형태의 X가 아닌, X의 데이터값(values)만 넣어줘요.

```
1  X = df[['공부 시간']]
2  X
```

	공부 시간
0	2.5
1	5.1
...	...
94	3.7
95	8.0

96 rows × 1 columns

[그림 18-12] X 출력 및 출력 결과

```
1  X = df[['공부 시간']]
2  X.values
```

```
array([[2.5],
       [5.1],
       [3.2],
  ...    ...
       [3.7],
       [8. ]])
```

[그림 18-13] X.values 출력 및 출력 결과

(5) 예측 결과 얻기

predict( ) 함수는 학습한 모델에 X값을 넣어 예측값 Y를 출력할 때 사용해요.

```
㉠1  Y_p = model.predict(X.values)
```

㉠ X.values(공부 시간)에 대한 시험 점수의 예측값들을 변수 Y_p에 저장해요.

　이 과정은 예측선의 Y값을 구하는 과정이기도 하죠.

[그림 18-14] 예측 결과 얻기

* 이때 Y_p 대신에 predict의 약자인 p, P 등 예측값 변수 이름을 얼마든지 다르게 정해도 좋아요.

(6) 예측선을 그려 실제 X, Y값과 비교하기

예측선이 변수 간의 관계를 잘 설명하는지 시각적으로 확인해보기 위해 그래프로 나타내보아요.

```
㉠1  plt.plot(X, Y, 'o')
㉡2  plt.plot(X, Y_p)
  3  plt.xlabel('공부 시간')
  4  plt.ylabel('시험 점수')
  5  plt.title('공부 시간에 따른 시험 점수 예측선')
  6  plt.show()
```

㉠ X, Y값의 분포를 점으로 나타낸 그래프로 그려요.

㉡ X값과 X에 대한 예측값인 Y_p값의 관계, 즉 두 변수 사이의 규칙인 예측선을 그려요

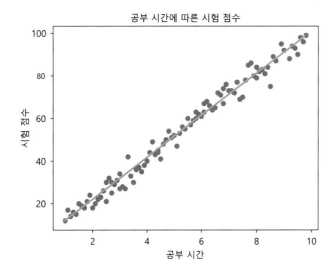

[그림 18-15] 실제 데이터와 예측선 그리기

예측선 찾기

㉠~㉢중 주어진 값들을 가장 잘 설명하는 예측선을 찾아봐!
X = [[1], [2], [4], [8]]
Y = [50, 55, 70, 90]

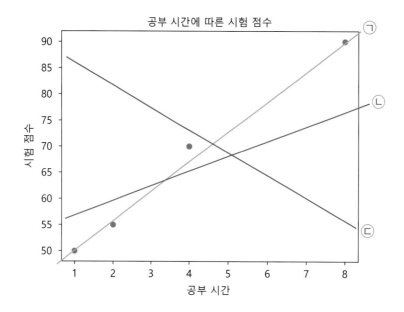

정답은 ㉠이야.
주어진 데이터와 가까이 있을수록 더 신뢰할 수 있는 예측선이지.

· ·

(7) 결정계수 구하기

결정계수란 선형회귀모델의 정확성을 평가할 때 사용해요. 즉, 모델이 X와 Y의 관계를 얼마나 잘 설명하는지 나타내는 값이에요.

```
ㄱ1  score = model.score(X.values, Y)
ㄴ2  print('결정계수: ', score)
```

결정계수: 0.9813673346564977

ㄱ score( ) 함수를 통해 결정계수를 구하고, 그 값을 변수 score에 저장해요.

ㄴ 결정계수 값을 출력해요. 출력된 값을 소수 두 자리까지 나타내면 0.98이네요!

이는 학습된 선형회귀모델이 변수 간의 관계를 100점 중 98점 정도로 잘 설명하고 있다는 것을 의미해요.

[그림 18-16] 결정계수 구하기

(8) 완성 코드

```
1   from sklearn.linear_model import LinearRegression
2   model = LinearRegression()
3
4   X = df[['공부 시간']]
5   Y = df['시험 점수']
6
7   model.fit(X.values, Y)
8   Y_p = model.predict(X.values)
9
10  plt.plot(X, Y, 'o')
11  plt.plot(X, Y_p)
12  plt.xlabel('공부 시간')
13  plt.ylabel('시험 점수')
14  plt.title('공부 시간에 따른 시험 점수 예측선')
15  plt.show()
16
17  score = model.score(X.values, Y)
18  print('결정계수: ', score)
```

[그림 18-17] '시험 점수 예측 모델' 완성 코드

1) 예측값 구하기

```
1  model.predict([[    ]])
```

[그림 18-18] 예측값 구하기

드디어 여러분들의 시험 점수를 예측할 수 있게 되었어요! 이번에도 예측이니 predict( ) 함수를 사용하여 여러분들의 공부 시간 값을 넣어주면 돼요. 이때 X값은 2차원 형태로 적어주어야 한다는 점 잊지 마세요! 일주일을 기준으로 2시간 동안 공부한다면 시험 점수가 어떻게 나올지 예측해 보고, 실제 여러분들이 공부한 시간도 넣어보세요.^^

```
1  model.predict([[2]])
```
array([21.66621315]) ◄─────── 예측한 시험 점수

[그림 18-19] 예측한 시험 점수

2) 문제 해결

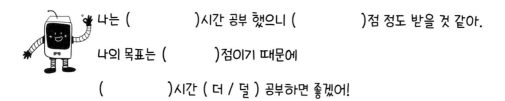

나는 (   )시간 공부 했으니 (   )점 정도 받을 것 같아.

나의 목표는 (   )점이기 때문에

(   )시간 (더 / 덜) 공부하면 좋겠어!

MEMO

19장 뽀삐의 견종은 무엇일까?

PYTHON

여러분들은 어떤 강아지를 좋아하나요? 어떤 친구는 "애교 많은 강아지요!"와 같이 강아지의 성격을 이야기할 것이고, 어떤 친구들은 "허스키요!"와 같이 견종을 이야기하는 친구도 있을 거예요. 강아지들의 종류는 상상보다 훨씬 많다는 사실을 알고 있나요? 견종을 분류하는 기준은 다양하지만, 강아지들의 크기로 분류하기도 하죠.

이번 장에서는 견종에 따른 몸통의 길이와 높이를 확인하고, K-NN 분류 알고리즘을 활용하여 강아지의 견종을 분류해보아요.

 이번 장에서는 무엇을 배울까요?

- '닥스훈트와 사모예드 몸통의 길이와 높이' 데이터를 산점도로 나타낼 수 있어요.
- K-NN 알고리즘을 이용하여 견종을 분류하고 예측할 수 있어요.

① 문제 인식하기

 다혜야, 강아지 분양 잘 받았어?

응. 강아지 이름은 뽀삐야. 정말 귀여워. 분명 너도 좋아할걸.

 귀엽다니 나도 빨리 보고싶어. 견종이 뭐야?

엄마가 닥스훈트 아니면 사모예드라던데?

 견종을 모르는구나! 그러면 강아지에 대해 아는 정보 있어?

응, 몸통 길이와 높이는 알아! 길이는 78cm, 높이가 42cm래.

 그러면 데이터를 활용해 뽀삐의 견종을 찾아보자!

● 문제 해결 계획하기

(1) 우리가 해결해야 하는 문제는 무엇인가요?

해결할 문제

(2) 문제 해결을 위해 어떤 데이터가 필요할까요?

필요한 데이터

'뽀삐의 견종은 닥스훈트와 사모예드 중 무엇일까?'라는 문제를 해결하기 위해 컴퓨터를 학습시켜 닥스훈트와 사모예드를 분류할 수 있는 모델을 만들어주어야 해요. 두 견종의 몸통의 길이와 높이가 서로 다른 것을 이용하여 데이터를 수집하면 되겠어요.

지금부터 '닥스훈트와 사모예드의 몸통 길이 및 높이' 데이터를 활용하여 두 견종을 분류해보고, 뽀삐의 견종을 예측해 보아요.

② 데이터 수집하기

1. 책 앞의 홈페이지 접속
2. '자료실' 클릭
3. 'dogs.csv' 파일 내려받기
4. 내려받은 파일이 '다운로드(Downloads)' 폴더에 있는지 확인하기

데이터 출처) 캐글(Kaggle)

	A	B	C
1	종류	길이	높이
2	닥스훈트	77	25
3	사모예드	85	56
4	닥스훈트	85	29
5	사모예드	77	57
6	닥스훈트	73	21
7	사모예드	86	50
8	사모예드	79	53
9	닥스훈트	80	35

[그림 19-1] dogs.csv

* 이 방법으로 내려받은 파일은 데이터 수집하기 과정을 거친 것이에요.

③ 데이터 다듬기

견종을 분류하는 알고리즘을 만들기 위해 우리가 수집한 데이터는 무엇인가요?

수집한 데이터	

우리가 수집한 데이터는 닥스훈트와 사모예드의 길이와 높이 데이터예요. 수집한 데이터 중 우리에게 필요 없는 정보가 있나요?

몸통의 길이와 높이로 견종을 분류할 것이니 우리에게 필요한 데이터만 있네요. '이 빠진 데이터'도 없으며 두 변수의 데이터 개수도 같아요. 다듬을 데이터가 더 이상 없기 때문에 바로 데이터 시각화 단계로 넘어가요.

4 데이터 시각화하기

분류 모델을 만들기 전에 수집한 데이터가 분류하기에 적합한지 확인해보아야 해요. 그 래프로 표현한다면 데이터의 특성을 더 쉽게 이해할 수 있겠죠? 그래프 중 데이터들의 분포를 확인할 수 있는 산점도를 활용해봐요. 그럼 '닥스훈트와 사모예드의 길이와 높이'를 산점도로 나타내 볼까요?

1) 데이터 읽기 및 준비하기

```
1  import csv
2  f = open('dogs.csv', encoding = 'cp949')
3  data = csv.reader(f)
4  next(data)
```

[그림 19-2] 데이터 읽기 및 준비하기

2) 빈 리스트 만들기

'닥스훈트와 사모예드의 길이와 높이' 데이터를 각각 저장할 빈 리스트 4개를 만들어요.

```
1  닥스길이 = []
2  닥스높이 = []
3  사모길이 = []
4  사모높이 = []
```

[그림 19-3] 빈 리스트 만들기

3) 리스트에 데이터 추가하기

```
1  for row in data:
㉠2      row[1:] = map(int, row[1:])
㉡3      if row[0] == '닥스훈트':
4          닥스길이.append(row[1])
5          닥스높이.append(row[2])
㉢6      else:
7          사모길이.append(row[1])
8          사모높이.append(row[2])
```

[그림 19-4] 리스트에 데이터 추가하기

	A	B	C
1	종류	길이	높이
2	닥스훈트	77	25
3	사모예드	85	56
4	닥스훈트	85	29
5	사모예드	77	57
6	닥스훈트	73	21
7	사모예드	86	50
8	사모예드	79	53
9	닥스훈트	80	35
10	사모예드	83	60

[그림 19-5] csv 파일 구조

㉠ map( ) 함수를 이용해 길이와 높이 데이터의 형태를 정수로 바꿔요.

㉡ 만약 row[0]이 '닥스훈트'와 같다면, 그 행의 row[1]을 리스트 '닥스길이'에, row[2]를 리스트 '닥스높이'에 넣어요.

㉢ 아니라면, 그 행의 row[1]을 리스트 '사모길이'에, row[2]를 리스트 '사모높이'에 넣어요.

4) 산점도 그리기

x축 값은 두 견종의 길이, y축 값은 두 견종의 높이로 정해요.

```
1  import matplotlib.pyplot as plt
2  plt.rc('font', family = 'Malgun Gothic')
3  plt.scatter(닥스길이, 닥스높이, color='black', label='닥스훈트')
4  plt.scatter(사모길이, 사모높이, color='yellow', label='사모예드')
5  plt.xlabel('길이')
6  plt.ylabel('높이')
7  plt.legend()
8  plt.show()
```

[그림 19-6] 산점도 그리기

5) 완성 코드

```
1   import csv
2   f = open('dogs.csv', encoding = 'cp949')
3   data = csv.reader(f)
4   next(data)
5
6   닥스길이 = []
7   닥스높이 = []
8   사모길이 = []
9   사모높이 = []
10
11  for row in data:
12      row[1:] = map(int, row[1:])
13      if row[0] == '닥스훈트':
14          닥스길이.append(row[1])
15          닥스높이.append(row[2])
16      else:
17          사모길이.append(row[1])
18          사모높이.append(row[2])
19
20  import matplotlib.pyplot as plt
21  plt.rc('font', family = 'Malgun Gothic')
22  plt.scatter(닥스길이, 닥스높이, color='black', label='닥스훈트')
23  plt.scatter(사모길이, 사모높이, color='yellow', label='사모예드')
24  plt.xlabel('길이')
25  plt.ylabel('높이')
26  plt.legend()
27  plt.show()
```

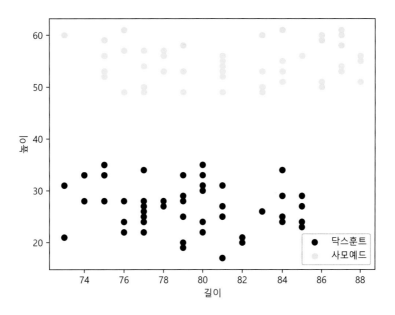

[그림 19-7] 산점도 완성

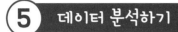

⑤ 데이터 분석하기

1) 데이터로 무엇을 알 수 있나요?

강아지의 견종을 예측하기 위해 '닥스훈트와 사모예드의 길이와 높이'를 산점도로 나타
내 보았어요. 데이터를 시각화한 그래프를 통해 알 수 있는 정보를 적어보세요.

몸통의 길이와 높이로 닥스훈트와 사모예드를 구분할 수 (있다. / 없다.)
강아지 몸통의 (길이 / 높이)가 두 견종을 분류할 때, 결정적인 역할을 하는 것 같다.
강아지의 몸통의 높이가 (높으면 / 낮으면), (닥스훈트 / 사모예드)로 분류할 수 있을 것 같다.

그래프를 통해 몸통의 높이와 길이로 견종을 분류할 수 있을 것으로 보여요. 이제부터
우리가 가진 데이터와 분류 알고리즘을 이용하여 뽀삐의 견종을 예측해 보아요.

2) K-NN 분류 모델 만들기

분류 모델을 만들기 위해 어떤 알고리즘을 사용하는 것이 적합할까요? 모든 데이터가
'닥스훈트' 또는 '사모예드'라는 레이블을 가지고 있다는 점과 데이터의 개수가 적당하
다는 점에서 K-NN 알고리즘을 사용하는 것이 좋겠어요.

K-NN 알고리즘을 이용한 분류 프로그램을 만들기 전에 데이터를 살펴보아요. 분류 모
델의 클래스(집단)를 두 견종으로, 클래스를 구분하는 기준을 '길이'와 '높이'로 정하면
되겠어요.

(1) 데이터 합치기

```
1  길이 = 닥스길이 + 사모길이
2  높이 = 닥스높이 + 사모높이
```

[그림 19-8] 데이터 합치기

길이 = [77, 85, …,80, 85, …,86]

닥스훈트 길이   사모예드 길이

[그림 19-9] '길이' 리스트의 구조

길이와 높이를 기준으로 리스트를 합쳐 각각 하나의 리스트로 만들어요. '+'를 이용해 리스트를 합치면, 앞 리스트 데이터 다음에 뒤 리스트 데이터가 덧붙여져요. 따라서 [그림 19-9]와 같이 두 리스트 모두 '닥스훈트' 데이터 다음에 '사모예드' 데이터가 있겠죠?

(2) 데이터 묶고 2차원 리스트로 나타내기

```
1  data = [[l,w] for l,w in zip(길이, 높이)]
```

[그림 19-10] 데이터 묶기

사이킷런 패키지에서 데이터를 사용하기 위해서 데이터를 2차원 리스트로 만들어 줘야 해요. 이를 위해 'zip( ) 함수'와 'for문'을 사용해요.

zip( ) 함수는 여러 개의 리스트에서 같은 위치에 있는 요소들을 하나씩 꺼내줘요. 코드를 찬찬히 읽어보아요.

```
1  data = [[l,w] for l,w in zip(길이, 높이)]
       ❹ ❷      ❸              ❶
```

[그림 19-11] 코드 뜯어보기

길이 = [77, 85, …,86]
높이 = [25, 29, …,60]

data = [[77,25], [85, 29],…[86,60]]

[그림 19-12] 'data'의 구조

❶ zip(길이, 높이)를 통해 '길이' 리스트와 '높이' 리스트에서 요소 하나씩 꺼내 변수 l, w에 저장한 후,

❷ [l, w]의 리스트 형태로 만들어요.

❸ 'for 문'으로 위 과정을 반복해요.

❹ 마지막으로 이렇게 만든 리스트들을 리스트 안에 넣어서 2차원 리스트의 형태로 만들어줘요.

```
1  print(data)
```

[[77, 25], [85, 29], [73, 21], [80, 35], [73, 21], [78, 28],
4, 29], [77, 28], [80, 22], [85, 23], [82, 20], [76, 28], [79, 28],
27], [75, 33], [77, 24], [83, 26], [84, 25], [82, 21], [77, 27]

6], [84, 55], [77, 49], [84, 61], [84, 55], [81, 52], [79, 49],
[78, 53], [81, 49], [87, 58], [78, 57], [81, 56], [87, 60], [78,
7, 54], [81, 55], [76, 57], [86, 60]]

[그림 19-13] data 출력 결과

(3) 클래스를 숫자로 구분하기

```
1  target = [0]*51 + [1]*49
```

[그림 19-14] 클래스를 숫자로 구분하기

새로운 데이터를 모델에 넣어 예측값을 알려줄 때, 견종의 이름을 출력해주면 되
겠죠? 그런데 K-NN 분류 모델은 클래스의 이름이 문자열이 아닌 숫자 형태인 경
우에만 학습할 수 있어요. 따라서 닥스훈트와 사모예드를 각각 0과 1의 숫자로 구
분해요. 닥스훈트와 사모예드 데이터 개수가 각각 51개, 49개이니 '0'을 51개, '1'
을 49개 만들어줘요.

그리고 데이터의 클래스가 0인지 1인지 분류하는 것이 우리 모델의 목표(target)이
기 때문에 이 리스트에 target이라는 이름을 붙여줘요.

구구박사의 데이터 과학 지식 더하기 ·····················

리스트의 데이터 개수를 어떻게 알 수 있나요?

len( ) 함수를 이용하여 리스트 안에 존재하는 데이터의 개수를 알 수 있어요. target 리스트를 만들기 전에 클래스별 데이터 개수를 알기 위해 오른쪽 그림과 같이 코드를 실행해보세요.

```
1  len(A)  # A의 길이를 알려줘요.
2          # A는 문자열, 리스트 등
```

➡

```
1  print(len(닥스길이))
2  print(len(사모길이))
```

```
51
49
```

·····················

(4) 사이킷런에서 K-NN 알고리즘 불러와 모델 만들기

```
1  from sklearn.neighbors import KNeighborsClassifier
2  kn = KNeighborsClassifier()
```

[그림 19-15] 사이킷런에서 K-NN 알고리즘 불러와 모델 만들기

사이킷런(scikit-learn) 라이브러리에서 K-NN 알고리즘을 불러와서 모델을 생성하고 'kn'이라는 이름을 붙여요. 대소문자에 주의하세요!

(5) 모델 훈련시키기

```
1  kn.fit(data, target)
```

```
▼ KNeighborsClassifier()
KNeighborsClassifier()
```

[그림 19-16] 모델 훈련시키기

두 견종의 길이와 높이 데이터를 담은 data와 클래스 데이터를 담은 target을 모델에 전달하여 분류 규칙을 학습하게 해요.

(6) 모델의 정확도 평가하기

```
1  kn.score(data, target)
```

[그림 19-17] 모델 평가하기

우리가 만든 모델을 평가해보아요. score( ) 함수는 모델을 평가할 때 사용해요. 평가 결과는 0에서 1의 값으로 출력돼요. 이를 우리는 '정확도'라고 해요. 1은 이 모델이 100%의 정확도를 갖고 있다는 의미로 모든 데이터의 클래스를 정확히 맞혔다는 것을 의미해요. 0.5는 절반을 맞혔다는 것이죠.

```
1  kn.score(data, target)
```
1.0

[그림 19-18] 평가 결과

와! 1.0, 즉 100%가 나왔어요. 사실 우리가 학습한 데이터와 평가에 넣은 데이터가 같으므로 100%가 나온 것은 당연해요. 머신러닝 고수들은 모델의 평가를 위해 데이터를 학습용과 훈련용으로 나누기도 해요.

(7) 완성 코드

```
1   길이 = 닥스길이 + 사모길이
2   높이 = 닥스높이 + 사모높이
3
4   data = [[l,w] for l,w in zip(길이, 높이)]
5   target = [0]*51 + [1]*49
6
7   from sklearn.neighbors import KNeighborsClassifier
8   kn = KNeighborsClassifier()
9   kn.fit(data, target)
10  kn.score(data, target)
```

[그림 19-19] K-NN 분류 모델 완성 코드

6 문제 해결하기

1) 그래프로 예상하기

우리가 알고 있는 '뽀삐'의 몸통 길이는 78, 높이는 42에요. 이 데이터가 어떤 클래스에 속할지 그래프를 통해 예상해 보아요

```
1  import matplotlib.pyplot as plt
2  plt.rc('font', family = 'Malgun Gothic')
3  plt.scatter(닥스길이, 닥스높이, color='black', label='닥스훈트')
4  plt.scatter(사모길이, 사모높이, color='yellow', label='사모예드')
㉠5  plt.scatter(78,42,marker='^')
6  plt.xlabel('길이')
7  plt.ylabel('높이')
8  plt.legend()
```

㉠ 뽀삐의 데이터를 ▲ 형 모양의 마커로 표현해요.

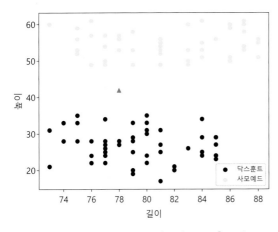

[그림 19-20] 그래프로 예상해보기

여러분들은 뽀삐가 닥스훈트와 사모예드 중 어디에 속할 것 같나요? 아마도 '사모예드'라고 대답한 친구들도, '닥스훈트'라고 대답한 친구도 있을 거예요. 이번에는 모델을 활용하여 뽀삐 데이터를 분류해 볼까요?

2) 예측값 구하기

```
1  kn.predict([[78,42]])
```

[그림 19-21] 예측값 구하기

predict( ) 함수 안에 뽀삐의 몸통 데이터를 넣어요. 이때 데이터를 2차원 리스트로 만들어줘요. knn 모델의 분류 결과는 어떻게 될까요?

```
1  kn.predict([[78,42]])
```
```
array([1])
```

[그림 19-22] 예측 결과

'1'의 값이 반환되었어요. 우리는 앞에서 닥스훈트를 '0', 사모예드를 '1'로 정했어요.

따라서 뽀삐는 사모예드네요!

3) 문제 해결하기

다혜야, 뽀삐는 (닥스훈트 / 사모예드)야.

고마워! 지금 바로 (   ) 옷을 사러 가야겠어!

MEMO

여기까지 온 여러분 정말 대견하고 잘했어요! 데이터 과학자가 된 걸 축하해요!!

여러분들은 데이터를 수집하고 분석하며 새로운 정보를 찾아 주어진 문제를 해결하기 위해 직접 프로그램도 만들어 보았어요.

이제 여러분들의 차례에요! 주변에서 해결하고 싶은 문제를 찾고, 그 문제를 해결하는 과정에 스스로 도전해보세요. 앞에서 했던 데이터 과학 단계를 떠올리며 시작해 볼까요?

① 문제 인식

지금까지 우리가 해결한 문제는 다혜와 소연이의 질문에서 시작되었어요. 이처럼 데이터 과학은 평소에 질문을 가지는 것부터 시작하죠.

내가 관심 있는 분야는 무엇이지? 요즘 주변 사람들이 이런 걸 불편해하는데 개선할 방법은 없을까? 우리 반 친구들의 행복한 학교생활을 위해 더 필요한 게 있을까? 와 같이 스스로 질문을 던져보며 해결하고 싶은 문제를 발견해 보세요!

● 내가 해결하고 싶은 문제는 무엇인가요?

② 데이터 수집하기

앞에서 정한 문제를 해결하기 위해 데이터를 수집해야 해요. 데이터는 어디에서 구할 수 있을까요?

'7장. 데이터 과학 준비운동'에서 소개한 공공데이터 플랫폼을 참고하면 돼요. 책에서 소개한 곳 외에도 인터넷에 '공공데이터 사이트'와 같이 검색하면 다양한 곳에서 데이터를 수집할 수 있어요. 여러분들에게 필요한 데이터는 어디에 있을지 찾아보세요!

● 문제 해결을 위해 어떤 데이터가 필요할까요?

③ 데이터 다듬기

이 단계에서 무엇을 했는지 떠올려볼까요?

1) 필요한 데이터와 필요하지 않은 데이터를 구분하고, 필요하지 않은 데이터 삭제하기

2) 이 빠진 데이터가 있다면 데이터값 채우기

3) 행, 열 이름과 같은 데이터값 간단하게 변경하기

이외에도 필요에 맞게, 데이터를 분석하기에 편리하도록 다듬어줘야 해요. 시간이 오래 걸리는 단계이기도 하죠. 하지만 정말 중요한 단계이니 차분히 데이터를 살펴보며 다듬기 과정을 차근차근 실행해보세요!

1) 내가 수집한 데이터는 무엇인가요?

수집한 데이터	

2) 필요한 데이터와 필요하지 않은 데이터를 구분해보세요

필요한 데이터	필요하지 않은 데이터

3) 그 외에 다듬을 내용이 있을까요?

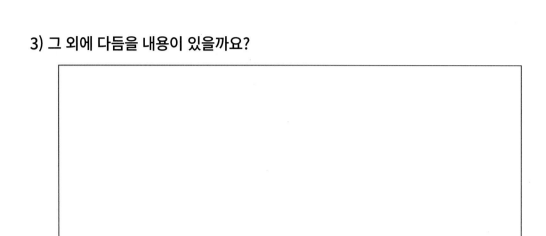

④ 데이터 시각화하기

여러분들이 수집한 데이터의 특성을 고려하여 어떤 그래프로 나타내는 것이 좋을지 생각해보세요.

그래프 종류를 꼭 1개만 선택하지 않아도 돼요. 여러 그래프로 표현해 보며 데이터에서 더 의미 있는 결과를 얻기도 해요!

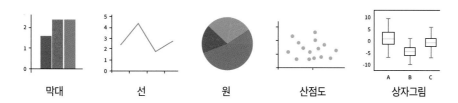

| 막대 | 선 | 원 | 산점도 | 상자그림 |

x축, y축에 들어갈 데이터를 생각하며 적절한 그래프를 선택해요. 그리고 그래프의 제목, 범례, 색깔, 크기 등 그래프의 다양한 속성을 이용하여 다른 사람에게 효과적으로 잘 전달할 수 있는 그래프로 나타내 보세요.

1) 어떤 그래프로 나타내면 좋을까요?

2) 그래프의 다양한 속성을 정해요.

그래프의 제목	
범례	
그 외 속성	

⑤ 데이터 분석하기

데이터를 그래프로 나타내 보았나요?

여러분들이 의도했던 결과가 나왔나요? 아니면 새로운 정보들이 보이나요? 아래의 표에 알게 된 사실, 데이터에서 발견할 수 있는 규칙 등을 정리하며 데이터의 가치를 찾아 보아요!

혹시 데이터를 분석하며 또 다른 프로그램을 만들어야 할 필요성이 보인다면 다시 시각화-분석 과정을 거칠 수도 있어요.

분석한 결과	
새롭게 알게 된 사실	
발견할 수 있는 규칙 또는 관계	
시사점	

⑥ 문제 해결

드디어 마지막 단계 도착! 여러분들이 설정했던 문제를 해결할 수 있는 시간이 왔어요!

처음에 정했던 문제를 떠올리며 문제를 해결하고 다른 사람들과 공유해보아요.

● 분석한 데이터로 문제를 해결해볼까요?

해결하고자 한 문제	
어떤 점이 해결되었나요?	

우와~! 여러분들이 직접 문제를 정하는 것에서부터 해결까지 하다니! 데이터 과학자로서 자질이 보여요! 19장까지의 내용을 되돌아보면 문제 해결 과정에서 또 다른 문제를 발견할 수도 있었어요. 여러분도 위에서 해결한 문제가 한 단계 업그레이드, 생각 더하기 과정으로 이어질 수 있어요!

데이터로 주변을 바라보면 더 넓은 세상을 마주할 수 있어요. 이 책은 여기에서 마무리가 되지만, 여러분의 도전은 끝나지 않았다는 것! 데이터 과학자로서 더 나아갈 수 있도록 항상 응원할게요!

10대를 위한 데이터 과학
with 파이썬

해 답

<READY TO CODE>
<?>

2장

1) 숫자 출력

358023 / 7437 / 1169014 / 2.5 / 2 / 2

Quiz 1.

print('Good morning')

Quiz 2.

나머지 문구는 그대로 두고 이름 부분만 바꿔줘요.

Quiz 3.

name = '새싹'

print(name + '! 넌 무엇이든 할 수 있어!')

Quiz 4.

가로 = int(input('가로를 입력해주세요 : '))

세로 = int(input('세로를 입력해주세요 : '))

넓이 = 가로 * 세로

print(넓이)

Quiz 5.

국어 = int(input('국어 점수를 입력해주세요 : '))

수학 = int(input('수학 점수를 입력해주세요 : '))

영어 = int(input('영어 점수를 입력해주세요 : '))

평균 = (국어 + 수학 + 영어) / 3

print(평균)

Quiz 6.

name = input('이름 : ')

year = int(input('출생 연도 : '))

age = 2024 - year

print(name, age)

3장

Quiz 1.

print(우리반[3])

Quiz 2.

print(우리반[0])

print(우리반[-4])

4장

Quiz 1.

답 : 15

㉠ 10을 변수 a에 저장해요.

㉡ 이제부터 10이 아니라 15가 변수 a가 저장돼요.

㉢ 따라서 15가 출력돼요

3) range( ) 함수

1	0	1
2	1	3
3	2	
4	3	
	4	

Quiz 2.

```
1  for i in range(1,21):
2      print(str(i) + ' 등입니다. 수고하셨습니다.')
```

Quiz 3.

```
1  sum = 0
2  num = int(input('어떤 수까지 더하겠습니까? : '))
3  for i in range(1, num+1):
4      sum = sum + i
5  print(sum)
6  print('1부터', num, '까지의 합은', sum, '입니다.')
```

어떤 수까지 더하겠습니까? : 100
5050
1부터 100 까지의 합은 5050 입니다.

5장

Quiz 1.

==

!=

Quiz 2.

```
1  day = input('내 생일은 0월 0일일까? 예시 - 5월 15일')
2  if day == '7월 30일':
3      print('맞췄어. 대단한걸?')
```

Quiz 3.

```
1  day = input('내 생일은 0월 0일일까? \n예시 - 5월 15일 \n')
2  if day == '7월 30일':
3      print('맞췄어. 대단한걸?')
4  else:
5      print('실망이야.')
```

내 생일은 0월 0일일까?
예시 - 5월 15일
5월 2일
실망이야.

Quiz 4.

```
1   age = int(input('나이 : '))
2   if age < 3:
3       print('유아입니다. 무료')
4   elif 3 <= age < 13:
5       print('소인입니다. 52000원')
6   elif 13<= age < 19:
7       print('청소년입니다. 62000원')
8   elif 65<= age:
9       print('경로입니다. 52000원')
10  else:
11      print('대인입니다. 62000원입니다.')
```


● 숫자 맞추기 게임

조건 1. random.randint(1,30)

조건 2. input( ) 함수

조건 3. for i in range(5)

조건 4. if-else 문

Quiz 5.

```
1  print('숫자 맞히기 게임을 시작합니다.')
2  print('1에서 30 사이의 숫자를 입력하세요.')
3  print('기회는 다섯 번')
4
5  import random
6  answer = random.randint(1,30)
7
8  for i in range(5):
9      num = int(input('맞혀봐 : '))
10     if num == answer:
11         print('정답!')
12         break
13     elif num < answer:
14         print('숫자를 높여봐')
15     else:
16         print('숫자를 낮춰봐')
17
18 print('정답 : ', answer)
```

6장

Quiz 1.

```
1  import matplotlib.pyplot as plt
2  plt.plot([3,6,9,12], [60,40,70,100])
3  plt.show()
```

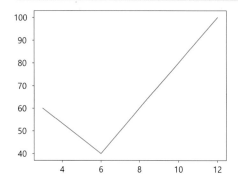

Quiz 2.

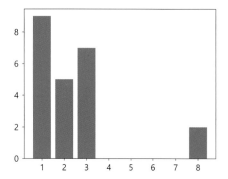

Quiz 3.

x축 데이터를 문자열로 고쳐준다.

```
1  import matplotlib.pyplot as plt
2  plt.bar(['2013','2023'], [3,13])
3  plt.show()
```

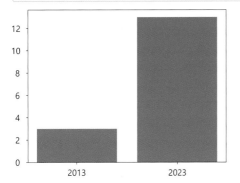

8장

1, 문제 인식하기

해결할 문제: 피자와 치킨 중 어떤 것을 더 많이 찾을까?

필요한 데이터: 피자와 치킨 검색 데이터

3. 데이터 다듬기

수집한 데이터: 1년 동안의 피자, 치킨, 족발의 검색 지수

필요한 데이터: 피자, 치킨

필요하지 않은 데이터: 족발

5. 데이터 분석하기

평균적으로 검색 지수가 높은 음식: 치킨

사람들은 (치킨)에 관심이 더 많다.

6. 문제 해결하기

치킨. 치킨. 치킨

7. 비판적 시각으로 데이터 바라보기

O

알 수 없다

9장

1. 문제 인식하기

해결할 문제: 간식의 가격이 오르고 있을까? / 간식의 가격이 얼마나 오르고 있을까?

필요한 데이터: 생활물가지수 데이터

3. 데이터 다듬기

수집한 데이터: 2003년부터 2023년까지의 생활물가지수

비어있는 데이터: 2003년부터 2009년까지의 떡볶이 물가지수

5. 데이터 분석하기

입력한 간식: 예시 – 주스

간식의 물가지수 변화: 63, 118

간식의 가격 변화: 오르고 있다.

10장

1. 문제 인식하기

해결할 문제: 언제 롱패딩을 팔면 좋을까?

필요한 데이터: 기온 데이터, 롱패딩 검색 데이터

3. 데이터 다듬기

수집한 데이터: 평균기온, 최저기온, 최고기온, 롱패딩 검색 지수

필요한 데이터: 롱패딩 검색 지수, 최저기온

필요하지 않은 데이터: 평균기온, 최고기온

5. 데이터 분석하기

있다.

높아지는 편이다.

0℃ / 이하

11월

사람들은 보통 겨울이 되기 전에 추위를 대비하여 롱패딩을 사기 때문입니다.

6. 문제 해결하기

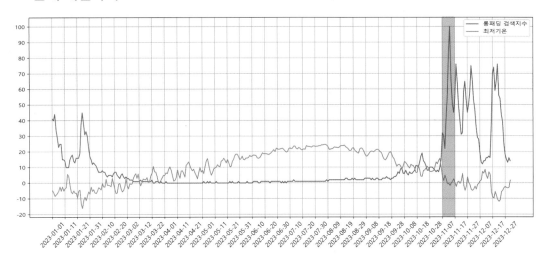

11장

1. 문제 인식하기

해결할 문제: 우리 집에서 가장 가까운 학교는 어디일까?

필요한 데이터: 전국 학교의 위치 데이터

3. 데이터 다듬기

수집한 데이터: 전국초중등학교 위치 표준 데이터

필요한 데이터: 학교명, 학교급구분, 위도, 경도

필요하지 않은 데이터: 학교ID, 설립일자, 설립형태 등

5. 데이터 분석하기

전국에서 가장 많은 학교급: 초등학교

전국에서 학교가 많은 지역: 서울/수도권

6. 문제 해결하기

예시)

학교급: 초등학교

내가 사는 지역의 위도: 37.4904

내가 사는 지역의 경도: 127.0163

집과 가장 가까운 학교: 서울교육대학교부설초등학교

12장

1. 문제 인식하기

해결할 문제: 언제 배달을 시켜야 빨리 올까?

필요한 데이터: 배달 횟수가 담긴 데이터

3. 데이터 다듬기

수집한 데이터: 2023년 8월 배달횟수

필요한 데이터: 구, 동, 요일, 배달횟수

필요하지 않은 데이터: 연월, 행정동코드, 광역시도명, 이용금액

4. 데이터 시각화

Quiz 1.

sum[4] = 0

day[2] = 'Wed'

5. 데이터 분석하기

사람들이 배달을 적게 시키는 요일 : 목요일

사람들이 배달을 많이 시키는 요일 : 토요일, 일요일

6. 문제 해결하기

 토요일, 일요일 / 목요일 / 목요일

7) 문제 해결하기

월/송파구 잠실2동

화/송파구 잠실2동

수/송파구 잠실2동

목/강남구 도곡2동

금/송파구 잠실3동

토/송파구 잠실2동

일/송파구 잠실2동

13장

1. 문제 인식하기

해결할 문제: 놀이공원은 몇 월에 가는 것이 좋을까?

필요한 데이터: 놀이공원 월별 입장객 수

3. 데이터 다듬기

수집한 데이터: 에버랜드 월별 입장객 수

필요한 데이터: 월별 에버랜드 입장객 수

필요하지 않은 데이터: 시도, 군구, 내/외국인, 총계, 연도별 인원계

4. 데이터 시각화하기(퀴즈 1)

'2024-01-03'.split('/')[0]

5. 데이터 분석하기

중앙값이 가장 높은 월 2개: 5월, 10월

최댓값이 가장 높은 월 2개: 5월, 10월

최솟값이 가장 높은 월 2개: 4월, 10월

중앙값이 가장 낮은 월 2개: 1월, 2월

최댓값이 가장 낮은 월 2개: 2월, 12월

최솟값이 가장 낮은 월 2개: 1월, 3월

6. 문제 해결하기

5월, 10월

1월, 2월, 12월

14장

Quiz 1.

```
1  import pandas as pd
2  df = pd.DataFrame({'성별': ['남', '여'], '나이': [10, 20]}, index = ['김판다', '이판다'])
3  print(df)
```

Quiz 2.

0행부터 2행까지의 데이터가 출력돼요.

구	동	요일	배달횟수
종로구	청운효자동	Fri	89
종로구	청운효자동	Mon	96
종로구	청운효자동	Sat	106

15장

1. 문제 인식하기

해결할 문제: 어떤 지역에 탕후루 가게를 만들까?

필요한 데이터: 서울시 지역의 연령대별 인구수

3. 데이터 다듬기

수집한 데이터: 2023년 10월 서울시 연령대별 인구

필요한 데이터: 구별 인구수

필요하지 않은 데이터: 1행~3행, 행정기관코드, 서울특별시 전체 인구수

5. 데이터 분석하기

10대 인구 비율이 가장 높은 행정기관: 양천구

20대 인구 비율이 가장 높은 행정기관: 관악구

6. 문제 해결하기

10대 / 젊은 사람들이 탕후루를 좋아하기 때문이다. / 10대 / 양천구

20대 / 젊은 사람들이 탕후루를 좋아하기 때문이다. / 20대 / 관악구

16장

1. 문제 인식하기

해결할 문제: 우리나라 사람들이 많이 찾는 해외여행지

필요한 데이터: 해외여행지별 여행객 수

3. 데이터 다듬기

수집한 데이터: 국제선 여행객 수

필요한 데이터: 시점, 합계, 해외여행지 이름, 여객 수

필요하지 않은 데이터: 여객 (명), 출발

5. 데이터 분석하기

최근 10년간 가장 많이 가는 해외여행지: 아시아

최근 10년간 가장 적게 가는 해외여행지: 아프리카

6. 문제 해결하기

많이 / 사람들은 볼 것과 즐길 것이 많은 곳으로 여행을 가기 / 아시아

적게 / 여유롭게 다닐 수 있기 / 유럽

Quiz 1.

+는 숫자열은 숫자열끼리, 문자열은 문자열끼리만 합칠 수 있죠. 따라서 i+1을 문자열로 바꿔주어야 해요.

8. 문제 해결하기

소연이가 여행가고자 하는 달: 1월

그 달에 사람들은 어떤 여행지를 가장 많이 찾나요? : 아시아

그 달에 사람들은 어떤 여행지를 가장 적게 찾나요? : 아프리카

<생각 더하기>

소연이에게 추천해주는 달: 4월

<생각 더! 더하기 :(3) 생각해보기>

약 2020년도 – 2022년도 초반

코로나 바이러스가 유행하던 기간이기 때문일 것이다.

17장

Quiz 1.

핫초코 매니아

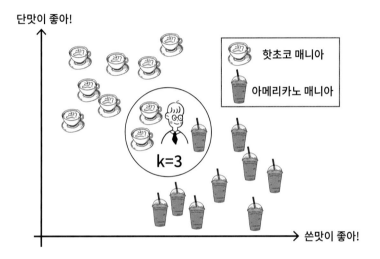

18장

1. 문제 인식하기

해결할 문제: 나의 시험 점수는 몇 점일까?

필요한 데이터: 공부시간과 시험점수 데이터

3. 데이터 다듬기

수집한 데이터: 공부시간, 시험 점수 데이터

필요한 데이터: Hours, Scores

필요하지 않은 데이터: x

5. 데이터 분석하기

높아진다.

영향을 주는 것 같다.

6. 문제 해결하기

2시간 / 21점 / 나의 목표는 80점이기 때문에 일주일에 6시간을 더 공부해야겠어!

19장

1. 문제 인식하기

해결할 문제: 뽀삐의 견종은 닥스훈트와 사모예드 중 무엇일까?

필요한 데이터: 닥스훈트와 사모예드의 몸통의 길이와 높이

3. 데이터 다듬기

수집한 데이터: 닥스훈트의 길이와 높이, 사모예드의 길이와 높이

5. 데이터 분석하기

있다. / 높이 / (높으면, 사모예드), (낮으면, 닥스훈트)

6. 문제 해결하기

사모예드 / 사모예드

잇플의 IT 도서

아두이노 내친구 by 스크래치
1편: 기초[교재+키트]

아두이노에 대한 기초적인 내용을 알아보고, 스크래치로 아두이노와 전자 회로를 작동하는 법을 배울 수 있게 구성했습니다.

정가: 45,000원

아두이노 내친구 by 스크래치
2편: 라인트랙 자동차 만들기[교재+키트]

라인 센서, 모터, 모터 드라이버 모듈 등의 전자부품을 사용해서 직접 코딩하여 자신만의 멋진 라인 트랙 자동차를 만들어 봅니다.

정가: 54,000원

아두이노 내친구 by 스크래치
3편: 자율주행 자동차 만들기[교재+키트]

초음파 센서, 서보모터, 모터, 모터 드라이버 모듈 등의 전자부품을 사용해서 독자들이 직접 코딩하여 자신만의 자율주행 자동차를 만듭니다.

정가: 61,000원

아두이노 내친구
1편: 자동차 만들기 기초[교재+키트]

아두이노와 컴퓨터를 연결하는 방법, 전자부품(LED, 저항 등)에 대한 기초적인 지식 등 《2편 자동차 만들기》할 때 꼭 알아야 하는 내용으로 구성했습니다.

정가: 39,000원

아두이노 내친구
2편: 라인트랙 자동차 만들기[교재+키트]

전자회로 구성을 이해하고, 아두이노 보드를 제어하여 직접 라인트랙 자동차를 만들어 볼 수 있게 구성했습니다.

정가: 39,000원

아두이노 내친구
3편: 블루투스/자율주행/앱 만들기[교재+키트]

초음파 기술로 자율주행하는 자동차를 만들고, 블루투스를 연결해서 블루투스 무선조종 자동차를 만듭니다. 또한 스마트폰 앱을 만들어 자동차를 제어해 볼 수 있게 구성했습니다.

정가: 84,000원

KODU 게임메이커

KODU로 직접 사과먹기 게임, 레이싱 게임과 같은 3D 게임을 만들면서 코딩을 익힐 수 있게 구성한 교재입니다. 단계별로 그림과 함께 설명해서 누구나 쉽게 이해할 수 있게 했습니다.

정가: 11,800원

엔트리 교과서 코딩
초등 1: 국어, 통합교과

먼저 엔트리를 익히고, 초등학교 1학년 국어 교과서 내용을 엔트리로 코딩하여 작품을 만드는 과정을 통해 교과서 내용과 코딩을 동시에 익힐 수 있게 구성한 교재입니다.

정가: 18,000원

엔트리 교과서 코딩
초등 1: 수학, 통합교과

먼저 엔트리를 익히고, 초등학교 1학년 수학 교과서 내용을 엔트리로 코딩하여 작품을 만드는 과정을 통해 교과서 내용과 코딩을 동시에 익힐 수 있게 구성한 교재입니다.

정가: 18,000원

엔트리 교과서 코딩
Vol.3: 수학, 통합교과

먼저 엔트리를 익히고, 초등학교 1학년 수학 교과서 내용을 엔트리로 코딩하여 작품을 만드는 과정을 통해 교과서 내용과 코딩을 동시에 익힐 수 있게 구성한 교재입니다.

정가: 18,000원

아두이노 메이킹

아두이노 보드, 다양한 센서와 부품에 관한 지식을 익히고, 독자가 직접 코딩하여 음주측정기, 스마트팜, 스파클링 분수를 만들어 보는 아두이노 피지컬 입문 교재입니다.

정가: 16,000원

SW·AI를 위한
아두이노 인공지능 스탠드 만들기

인공지능을 활용한 작품 만들기
틴거캐드 활용, 전자회로 기초, p5.js 기초, 미디어 아트 작품 만들기, 아두이노 인공지능 스탠드 만들기

정가: 98,000원

SW·AI를 위한 마이크로비트
with MakeCode[교재+키트]

마이크로비트의 구조와 기능, MakeCode 사용법을 익히고 LED 전광판, 효과음 작곡하기, 생일 축하카드를 만들며 디지털 제품의 동작 원리, 인공지능과 사물인터넷(IoT) 기술을 이해할 수 있게 구성했습니다.

정가: 118,000원

10대를 위한 데이터과학
with 엔트리

데이터 과학에 입문하는 청소년들이 이론에 얽매이지 않고 데이터 과학을 체험해 볼 수 있게 구성한 실습서입니다.

정가: 26,500원

코딩과 드론 날로먹기[교재+키트]

코딩과 드론을 동시에 배울 수 있는 코딩 드론 입문서입니다. 드론을 배우고 싶었지만 막막했던 초보자에게 스크래치로 쉽게 드론 코딩하는 방법을 설명합니다.

정가: 107,800원

파이썬과 드론 날로먹기[교재+키트]

드론에 대한 이론과 조종기로 드론을 제어하는 방법, 파이썬으로 기초 프로그램을 만들어 드론을 제어하는 등 SW와 HW를 골고루 활용해 볼 수 있게 구성한 교재입니다.

정가: 107,800원

생각대로 파이썬
파이썬 성장 프로젝트

파이썬에 입문하려는 분을 위해 그림으로 파이썬 문법을 설명했습니다. 예제를 통해 파이썬 개념을 이해하고 파이썬을 활용하는 인공지능 예제도 소개합니다.

정가: 23,000원

파이썬 첫걸음

파이썬 언어를 배우고 싶은 고등학생과 일반인을 위한 교재입니다. 파이썬 기초와 클래스, 객체 이해, 그래픽과 애니메이션으로 게임 만들기 등을 다루었습니다.

정가: 26,000원

누구나 파이썬
너도 데이터 가지고 놀 수 있어!

데이터를 다루는데 필요한 Pandas 모듈과 시각화하는데 필요한 matplotlib 모듈에 대해 알아보고, 다양한 예제로 데이터 분석을 학습할 수 있는 교재입니다.

정가: 18,000원

데이터 사이언스 입문 A to Z

파이썬 수학 라이브러리인 numpy, 데이터 통계 라이브러리인 pandas와 matplotlib에 관한 설명과 예제를 수록했고, 금융 데이터·공공 데이터 분석 예제로 데이터 분석 활용법을 소개한 책입니다.

정가: 45,000원

개발자가 원하던 파이썬

개발자인 저자가 경험을 바탕으로 파이썬에 대한 개념, 사용법, 활용법을 예제와 함께 설명했습니다. 특히 실무를 위해 꼭 알아야 할 데코레이터와 디스크립터를 중점 설명한 교재입니다.

정가: 32,000원

딥러닝, 머신러닝을 위한 넘파이

넘파이를 완전분석한 책으로 기초부터 고급기능까지 배울 수 있습니다. 풍부한 예제를 이용해서 수학에 자신이 없어도 쉽게 이해할 수 있게 구성했습니다.

정가: 35,000원

Fusion 360 with 3D Printer[기본편]

3D 프린터와 코딩을 따로 다루는 책과는 다르게 두 분야를 융합한 교재입니다. 기본편은 3D 프린터의 유래와 개념, 퓨전 360의 메뉴를 익히며 피젯스피너, LED 명패, 만능 연필꽂이 등 다양한 작품을 만들어 봅니다.

정가: 23,600원

Fusion 360 with 3D Printer[실전편]

실전편에서는 3D 모델링과 아두이노로 자동펌핑기, 미니 무드등과 같은 다양한 작품을 제작합니다. 개념과 원리를 기초부터 이해하고, 자기 생각을 반영하여 자신만의 작품을 만들 수 있게 구성했습니다.

정가: 17,500원

앱인벤터 한권으로 끝내기

앱 인벤터의 기초 사용법과 앱 인벤터가 제공하는 인공지능 기술을 접목하는 방법을 배웁니다. 각 chapter마다 응용 작품을 만들어 볼 수 있게 구성해서 학습 내용을 확실히 이해할 수 있게 했습니다.

정가: 28,500원

소프트웨어 사고력 올림피아드

SW 사고력 올림피아드 사무국 지정 공식 교재

기출문제를 분석하여 답안 작성 방법을 소개하고, 답안 표현 방법을 다양하게 제시해서 표현력을 기를 수 있게 했습니다. 실제 대회에 참가한 학생의 답안과 기출 문제와 유사하게 연습문제도 수록했습니다.

정가: 28,500원

정보 영재원 대비 문제집[초등 3~5학년]

영재 선발 시험에 대비할 수 있게 영재원 대비법, 영재성 검사, 창의적 문제해결검사, 심층면접, 모의고사 총 5개 PART로 구성. 기출문제와 논문, 관련 서적도 참고해서 대학과 교육청의 정보 및 로봇 영재원 시험에 최적화된 교재입니다.

정가: 28,000원

정보 영재원 대비 문제집[중등, 초6~중2]

영재 선발 시험에 대비할 수 있게 영재원 대비법, 영재성 검사, 창의적 문제해결검사, 심층면접으로 구성했습니다. 기출문제와 논문, 관련 서적도 참고해서 대학과 교육청의 정보 및 로봇 영재원 시험에 최적화된 교재입니다.

정가: 28,000원

IT 영재를 위한 이산수학[초등]

정보올림피아드나 정보(SW)영재원을 대비하는 수험생은 이산수학 내용을 모두 공부할 필요는 없고, 출제되는 이산수학 내용만 집중 학습하면 됩니다. 따라서 기출문제를 중심으로 시험에 최적화된 내용으로 구성했습니다.

정가: 28,000원

IT 영재를 위한 이산수학[중등]

정보올림피아드나 정보(SW)영재원을 대비하는 수험생은 이산수학 내용을 모두 공부할 필요는 없고, 출제되는 이산수학 내용만 집중 학습하면 됩니다. 따라서 기출문제를 중심으로 시험에 최적화된 내용으로 구성했습니다.

정가: 28,000원

혼자 공부하는 ROS2; 로봇 SW

ROS의 역사나 아키텍처가 아니라 ROS의 원리와 사용법을 빠르게 익혀 독자들이 하고 싶은 일을 하게 하는 것이 이 책의 목표입니다. ROS의 기본적인 사용법을 중심으로, Linux 사용법도 간략히 설명합니다.

정가: 27,300원

코틀린 프로그래밍 A to Z

인공지능 서비스를 앱이나 백엔드 시스템에서 실행하려면 코틀린 언어가 필요합니다. 코틀린 언어는 기본으로 자바 지식이 있어야 하지만 이 책은 자바를 몰라도 쉽게 접할 수 있게 모든 설명을 코틀린 기반으로 구성했습니다.

정가: 39,000원

코스페이시스 한권으로 끝내기

손쉽게 가상현실 개발 제작 도구를 익히고 SDGs의 지속 가능한 미래가치를 담은 가상현실 제작하기.

정가: 28,500원

엔트리 인공지능과 함께하는 토리드론

이 책은 초등학생부터 성인까지 재미있고 즐겁게 드론과 인공지능을 배울 수 있도록 내용을 구성하였습니다. 블록 코딩으로 레고를 조립하듯이 마우스로 블록을 연결하면 드론을 조종할 수 있어서 코딩의 즐거움을 느낄 수 있습니다.

교재+드론set 정가: 135,000원